ALBERTUS

ou

L'AME ET LE PÉCHÉ.

IMPRIMERIE ET FONDERIE DE RIGNOUX ET CIE,
rue des Francs-Bourgeois-S.-Michel, n° 8.

ALBERTUS

OU

L'AME ET LE PÉCHÉ

Légende théologique

PAR

THÉOPHILE GAUTIER.

PARIS.

PAULIN, LIBRAIRE-ÉDITEUR,

PLACE DE LA BOURSE.

1833.

PRÉFACE.

L'auteur du présent livre est un jeune homme frileux et maladif qui use sa vie en famille avec deux ou trois amis et à peu près autant de chats.

Un espace de quelques pieds où il fait moins froid qu'ailleurs, c'est pour lui l'univers. — Le manteau de la cheminée est son ciel, la plaque, son horizon.

Il n'a vu du monde que ce que l'on en voit par la fenêtre, et il n'a pas eu envie d'en voir davantage. Il n'a aucune couleur politique; il n'est ni rouge, ni blanc, ni même tricolore; il n'est rien, il ne s'aperçoit des révolutions que lorsque les balles cassent les vitres. Il aime mieux être assis que debout, couché qu'assis. — C'est une habitude toute prise quand la mort vient nous coucher pour toujours.—Il fait des vers pour avoir un prétexte de ne rien faire, et ne fait rien sous prétexte qu'il fait des vers.

Cependant, si éloigné qu'il soit des choses de la vie, il sait que le vent ne souffle pas à la poésie; il sent parfaitement toute l'inopportunité d'une pareille publication ; pourtant il ne craint pas de jeter entre deux émeutes, peut-être entre deux pestes, un volume purement littéraire; il a pensé que c'était une œuvre pie et méritoire par la prose qui court, qu'une œuvre d'art et de fantaisie où l'on ne fait aucun appel aux passions mauvaises, où l'on n'a exploité aucune turpitude pour le succès.

a

Il s'est imaginé (a-t-il tort ou raison?) qu'il y avait encore de par la France quelques bonnes gens comme lui qui s'ennuyaient mortellement de toute cette politique hargneuse des grands journaux, et dont le cœur se levait à cette polémique indécente et furibonde de maintenant.

Pour les critiques d'art ou de grammaire qu'on pourra lui adresser, il y souscrit d'avance.—Il connaît très bien les défauts et les taches de son livre ; s'il n'a pas évité les uns et enlevé les autres, c'est qu'ils sont tellement inhérens à sa nature, qu'il ne saurait exister sans eux, du moins c'est l'excuse qu'il donne à sa paresse.

Quant aux utilitaires, utopistes, économistes, saint-simonistes et autres qui lui demanderont à quoi cela rime,—Il répondra : Le premier vers rime avec le second quand la rime n'est pas mauvaise, et ainsi de suite.

A quoi cela sert-il ? — Cela sert à être beau.—N'est-ce pas assez ? comme les fleurs, comme les parfums, comme les oiseaux, comme tout ce que l'homme n'a pu détourner et dépraver à son usage.

En général, dès qu'une chose devient utile, elle cesse d'être belle. — Elle rentre dans la vie positive, de poésie elle devient prose, de libre, esclave. — Tout l'art est là. — L'art, c'est la liberté, le luxe, l'efflorescence, c'est l'épanouissement de l'âme dans l'oisiveté. — La peinture, la sculpture, la musique ne servent absolument à rien. Les bijoux curieusement ciselés, les colifichets rares, les parures singulières, sont de pures superfluités.— Qui voudrait cependant les retrancher ? —Le bonheur ne consiste pas à avoir ce qui est indispensable, ne pas souffrir n'est pas jouir, et les objets dont on a le

moins besoin sont ceux qui charment le plus. — Il y a et il
y aura toujours des âmes artistes à qui les tableaux d'Ingres,
et de Delacroix, les aquarelles de Boulanger et de Decamps
sembleront plus utiles que les chemins de fer et les bateaux
à vapeur.

A tout cela si on lui répond : —Fort bien , —mais vos vers
ne sont pas beaux. Il passera condamnation et tâchera de s'a-
mender. — Il espère toutefois qu'on voudra bien lui savoir
gré de l'intention.

—Maintenant, deux mots sur ce volume.—Les pièces qu'il
renferme ont été composées à de grandes distances les unes
des autres, et imprimées au fur et à mesure, sans autre ordre
que celui des dates qu'on n'a pas indiquées ; l'auteur n'a pas
eu la prétention de faire des monumens. Les premières se rat-
tachent presque à son enfance, les dernières , le poëme sur-
tout, le touchent de plus près ; les plus anciennes remontent
jusqu'en 1826. — Six ans, c'est un siècle aujourd'hui ; les
plus modernes sont de 1831. — On verra s'il y a progrès.

Ce sont d'abord de petits intérieurs d'un effet doux et
calme, de petits paysages à la manière des Flamands , d'une
touche tranquille, d'une couleur un peu étouffée, ni grandes
montagnes, ni perspectives à perte de vue, ni torrens, ni
cataractes. — Des plaines unies avec des lointains de cobalt,
d'humbles coteaux rayés où serpente un chemin , une chau-
mière qui fume, un ruisseau qui gazouille sous les nénuphars,
un buisson avec ses baies rouges, une marguerite qui tremble
sous la rosée.—Un nuage qui passe jetant son ombre sur les
blés, une cigogne qui s'abat sur un donjon gothique.—Voilà
tout ; et puis pour animer la scène, une grenouille qui saute

dans les joncs, une demoiselle jouant dans un rayon de soleil, quelque lézard qui se chauffe au midi, une alouette qui s'élève d'un sillon, un merle qui siffle sous une haie, une abeille qui picore et bourdonne. — Les souvenirs de six mois passés dans une belle campagne. —Çà et là comme une aube de l'adolescence qui va luire, un désir, une larme, quelques mots d'amour, un profil de jeune fille chastement esquissé, une poésie tout enfantine, toute ronde et potelée où les muscles ne se prononcent pas encore.—A mesure que l'on avance, le dessin devient plus ferme, les méplats se font sentir, les os prennent de la saillie, et l'on aboutit à la légende semi-diabolique, semi-fashionable, qui a nom *Albertus*, et qui donne le titre au volume, comme la pièce la plus importante et la plus actuelle du recueil.

Si ces études franches et consciencieuses peuvent ouvrir la voie à quelques jeunes gens et aider quelques inexpériences, l'auteur ne regrettera pas la peine qu'il a prise.— Si le livre passe inaperçu, il ne la regrettera pas encore; ces vers lui auront usé innocemment quelques heures, et l'art est ce qui console le mieux de vivre.

Octobre 1832.

Méditation.

.... Ce monde où les meilleures choses
Ont le pire destin.

Malherbe.

Méditation.

Virginité du cœur, hélas, sitôt ravie !
Songes riants, projets de bonheur et d'amour,.
Fraîches illusions du matin de la vie
Pourquoi ne pas durer jusqu'à la fin du jour !

Pourquoi ?... Ne voit-on pas qu'à midi, la rosée
De ses perles d'argent n'enrichit plus les fleurs ;
Que l'anémone frêle, au vent froid exposée,
Avant le soir n'a plus ses brillantes couleurs !

Ne voit-on pas qu'une onde, à sa source limpide,
En passant par la fange y perd sa pureté ;
Que d'un ciel d'abord pur, un nuage rapide
Bientôt ternit l'éclat et la sérénité !

Le monde est fait ainsi : loi suprême et funeste,
Comme l'ombre d'un songe au bout de peu d'instans,
Ce qui charme s'en va, ce qui fait peine reste:
La rose vit une heure et le cyprès cent ans.

Moyen âge.

Y ot un grant et vieil chastex
A messire Yvain qui fut tex ;
Ot tours, donjons, machecoulis,
Fossés d'iave nette remplis,
Murs de fine pierre de taille,
Coverts d'engins por la bataille.
Ancien fabliau.

Moyen âge.

Quand je vais poursuivant mes courses poétiques,
Je m'arrête surtout aux vieux châteaux gothiques ;
J'aime leurs toits d'ardoise aux reflets bleus et gris,
Aux faîtes couronnés d'arbustes rabougris,
Leurs pignons anguleux, leurs tourelles aiguës,
Dans les réseaux de plomb leurs vitres exiguës,
Légendes des vieux temps où les preux et les saints
Se groupent sous l'ogive en fantasques dessins ;
Avec ses minarets moresques, la chapelle
Dont la cloche qui tinte, à la prière appelle ;
J'aime leurs murs verdis par l'eau du ciel lavés,
Leurs cours où l'herbe croît à travers les pavés,

Au sommet des donjons leurs girouettes frêles
Que la blanche cigogne effleure de ses ailes;
Leurs ponts-levis tremblans, leurs portails blasonnés,
De monstres, de griffons, bizarrement ornés,
Leurs larges escaliers aux marches colossales,
Leurs corridors sans fin et leurs immenses salles,
Où comme une voix faible erre et gémit le vent,
Où, recueilli dans moi, je m'égare, rêvant,
Paré de souvenirs d'amour et de féerie,
Le brillant moyen âge et la chevalerie.

Élégie I.

Dame, d'amer déesse
Pour votre grace avoir,
Vous offre ma jeunesse.
Mes biens et mon avoir.
A. Chartier.

Élégie I.

Nuit et jour, malgré moi, lorsque je suis loin d'elle,
A ma pensée ardente un souvenir fidèle
La ramène ; il me semble ouïr sa douce voix
Comme le chant lointain d'un oiseau ; je la vois
Avec son collier d'or, avec sa robe blanche,
Et sa ceinture bleue, et la fleur qui se penche
Sur son chapeau de paille, et le sourire fin
Qui trahit l'émail pur de ses dents ; telle enfin
Que je la vis un soir dans ce bois de vieux ormes
Qui couvrent le chemin de leurs ombres énormes,
Et je l'aime d'amour profond : car ce n'est pas
Une femme au teint blanc, qui mesure ses pas,
Au regard nuagé de langueur, une Anglaise
Pâle comme le ciel de Londres, qui se plaise

La tête sur sa main à rêver longuement,
A lire Grandisson et Werther : non vraiment ;
Mais une jeune fille inconstante et frivole,
Qui ne rêve jamais ; une brune créole
Aux grands sourcils arqués, à l'œil brillant et noir
Où son âme se peint ainsi qu'en un miroir ;
A la taille élancée, à la gorge divine,
Que sous les plis du lin la volupté devine.

..... omnia plenis
Rura natant fossis.

P. Virgilius Maro.

Paysage.

Pas une feuille qui bouge,
Pas un seul oiseau chantant,
Au bord de l'horizon rouge
Un éclair intermittent ;

D'un côté rares broussailles,
Sillons à demi noyés,
Pans grisâtres de murailles,
Saules noueux et ployés ;

De l'autre un champ que termine
Un large fossé plein d'eau ;
Une vieille qui chemine
Avec un pesant fardeau ;

Et puis la route qui plonge
Entre mille coteaux bleus,
Et comme un ruban s'allonge
En minces plis onduleux.

La jeune Fille.

> La vierge est un ange d'amour.
> *A. Guiraud.*
>
> Dieu l'a faite une heureuse et belle créature.
> *Inédit, M*****.*

La jeune Fille.

Brune à la taille svelte, aux grands yeux noirs, brillants.
A la lèvre rieuse, aux gestes sémillants,
Blonde aux yeux bleus rêveurs, à la peau rose et blanche,
La jeune fille plaît : ou réservée ou franche,
Mélancolique ou gaie, il n'importe ; le don
De charmer est le sien, autant par l'abandon
Que par la retenue ; en Occident, Sylphide,
En Orient, Péri, bien aimant ou perfide,
Sous l'arcade moresque en face d'un ciel bleu,
Sous l'ogive gothique, assise auprès du feu,
Ou qui chante, ou qui file, elle plaît ; nos pensées
Et nos heures, pourtant si vite dépensées,
Sont pour elle ; jamais imprégné de fraicheur
Sur nos yeux endormis un rêve de bonheur

Ne passe fugitif comme l'ombre du cygne
Sur le miroir des lacs, qu'elle n'en soit; d'un signe
Nous appelant vers elle, et murmurant des mots
Magiques, dont un seul enchante tous nos maux ;
Éveillés, son souris dissipe nos alarmes,
Et lorsque la douleur nous arrache des larmes
Son baiser à l'instant les tarit dans nos yeux.
La jeune fille! elle est un souvenir des cieux,
Une fleur au désert par le vent fécondée,
Un rayon de soleil qui rit après l'ondée.

 Le Marais.

A MON AMI A. E***.

Ainsi près d'un marais on comtemple voler
Mille oiseaux peinturés.
> *Amadis Jamyn.*

En chasse, et chasse heureuse.
> *Alfred de Musset.*

Le Marais.

C'est un marais dont l'eau dormante
Croupit sous une verte mante
De roseaux qui tremblent au vent :
Autour des saules et des aunes
Que les brouillards ont rendu jaunes
Croisent leur branchage mouvant ;

La bécassine noire et grise
Y vole quand souffle la brise
De novembre aux matins glacés ;
Souvent, du haut des sombres nues
Pluviers, butors, courlis et grues
Y tombent, d'un long vol lassés.

Sous les lentilles d'eau qui rampent,
Les canards sauvages y trempent
Leurs cous d'azur aux reflets d'or ;
La sarcelle à l'aube s'y baigne,
Et quand le crépuscule règne
S'y pose entre deux joncs, et dort.

La cigogne dont le bec claque,
L'œil tourné vers le ciel opaque,
Attend là l'instant du départ,
Et le héron aux jambes grêles,
Lustrant les plumes de ses ailes,
Y traine sa vie à l'écart.

Ami, quand la brume d'automne
Étend son voile monotone
Sur le front obscurci des cieux,
Quand à la ville tout sommeille
Et qu'à peine le jour s'éveille
A l'horizon silencieux ;

Toi dont le plomb à l'hirondelle
Toujours porte une mort fidèle,
Toi qui jamais à trente pas
N'a manqué le lièvre rapide ;

Ami, toi, chasseur intrépide,
Qu'un long chemin n'arrête pas ;

Avec Rasko ton chien qui saute
A ta suite dans l'herbe haute,
Avec ton bon fusil bronzé,
Ta blouse et tout ton équipage,
Viens t'y cacher près du rivage,
Derrière un tronc d'arbre brisé.

Ta chasse sera meurtrière ;
Aux mailles de ta carnassière
Bien des pieds d'oiseaux passeront,
Et tu reviendras de bonne heure
Avant le soir en ta demeure,
La joie au cœur, l'orgueil au front.

Sonnet I.

Aux vitraux diaprés des sombres basiliques,
Les flammes du couchant s'éteignent tour à tour,
D'un âge qui n'est plus précieuses reliques,
Leurs dômes dans l'azur tracent un noir contour ;

Et la lune paraît, de ses rayons obliques
Argentant à demi l'aiguille de la tour,
Et les derniers rameaux des pins mélancoliques
Dont l'ombre se balance et s'étend à l'entour.

Alors les vibremens de la cloche qui tinte,
D'un monde aérien semblent la voix éteinte,
Qui par le vent portée en ce monde parvient ;

Et le poëte assis près des flots, sur la grève,
Écoute ces accens fugitifs comme un rêve,
Lève les yeux au ciel, et triste se souvient.

3.

 Serment.

> L'on ne scust en nule terre
> Nul plus bel cors de fame querre.
>
> *Roman de la Rose.*

Serment.

Par ces yeux si beaux sous les voiles
De leurs franges de longs cils noirs,
Soleils jumeaux, doubles étoiles
D'un cœur ardent, ardens miroirs ;

Par ce front de nacre et d'albâtre,
Que couronnent des cheveux bruns,
Où l'haleine du vent folâtre
Parmi la soie et les parfums ;

Par ces lèvres, fraîche églantine,
Grenade en fleur, riant corail
D'où sort une voix argentine
A travers l'ivoire et l'émail ;

Par cette gorge qui s'agite
Et bat sa prison de satin,
Par cette main blanche et petite,
Par l'éclat vermeil de ce teint;

Par ces dix-sept ans, par cette âme
D'Espagnole, je te promets,
O jeune fille, que ma flamme
Pour toi ne s'éteindra jamais.

Les Souhaits.

.. Quelque bonne fée Urgèle
Promettant palais et trésors
Au filleul mis sous sa tutelle,
Pour te promener t'aurait-elle
Ravi sur son nuage d'or.

Joseph Delorme.

Les Souhaits.

Si quelque jeune fée à l'aile de saphir,
    Sous une sombre et fraîche arcade,
Blanche comme un reflet de la perle d'Ophir,
Surgissait à mes yeux, au doux bruit du zéphyr
    De l'écume de la cascade,

Me disant : Que veux-tu ? larges coffres pleins d'or ;
    Palais immenses, pierreries ?
Parle ; mon art est grand : te faut-il plus encor ?
Je te le donnerai ; je puis faire un trésor
    D'un vil monceau d'herbes flétries.

Je lui dirais : Je veux un ciel riant et pur
    Réfléchi par un lac limpide,
Je veux un beau soleil qui luise dans l'azur,

Sans que jamais brouillard, vapeur, nuage obscur
Ne voilent son orbe splendide ;

Et pour bondir sous moi je veux un cheval blanc,
Enfant léger de l'Arabie,
A la crinière longue, à l'œil étincelant,
Et, comme l'hippogriffe, en une heure volant
De la Norwège à la Nubie ;

Je veux un kiosque rouge, aux minarets dorés,
Aux minces colonnes d'albâtre,
Aux fantasques arceaux d'œufs pendans décorés,
Aux murs de mosaïque, aux vitraux colorés
Par où se glisse un jour bleuâtre ;

Et quand il fera chaud, je veux un bois mouvant
De sycomores et d'yeuses,
Qui me suive partout au souffle d'un doux vent,
Comme un grand éventail sans cesse soulevant
Ses masses de feuilles soyeuses.

Je veux une tartane avec ses matelots,
Ses cordages, ses blanches voiles
Et son corset de cuivre où se brisent les flots,
Qui me berce le long de verdoyans îlots
Aux molles lueurs des étoiles.

Je veux soir et matin m'éveiller, m'endormir
     Au son de voix italiennes,
Et pendant tout le jour entendre au loin frémir
Le murmure plaintif des eaux du Bendemir,
     Ou des harpes éoliennes ;

Et je veux, les seins nus, une Almée agitant
     Son écharpe de cachemire
Au dessus de son front de rubis éclatant,
Des spahis, un harem, comme un riche sultan
     Ou de Bagdad ou de Palmyre.

Je veux un sabre turc, un poignard indien
     Dont le manche de saphirs brille;
Mais surtout je voudrais un cœur fait pour le mien,
Qui le sentît, l'aimât, et qui le comprît bien,
     Un cœur naïf de jeune fille.

 Le Luxembourg.

Enfant, dans les ébats de l'enfance joueuse.

J. Delorme.

4.

Le Luxembourg.

Au Luxembourg souvent lorsque dans les allées
Gazouillaient des moineaux les joyeuses volées,
Qu'aux baisers d'un vent doux, sous les abîmes bleus
D'un ciel tiède et riant, les orangers frileux
Hasardaient leurs rameaux parfumés, et qu'en gerbes
Les fleurs pendaient du front des marronniers superbes,
Toute petite fille, elle allait du beau temps
A son aise jouir et promener long-temps,
Long-temps, car elle aimait à l'ombre des feuillages
Fouler le sable d'or, chercher des coquillages,
Admirer du jet d'eau l'arc au reflet changeant,
Et le poisson de pourpre hôte d'une eau d'argent,

Ou bien encor partir, folle et légère tête,
Et, trompant les regards de sa mère inquiète,
Au risque de brunir un teint frais et vermeil,
Courir à perdre haleine au plein cœur du soleil.

Le Sentier.

En une sente me vins rendre
Longue et estroite, où l'herbe tendre
Croissait très dru.
    Le livre des quatre Dames.
Un petit sentier vert, je le pris...
      Alfred de Musset.

Le Sentier.

Connaissez-vous là-bas dans ce vallon que noie
En automne la brume, un sentier qui tournoie?
C'est plaisir de le voir en mai, lorsque les fleurs
Étalent à l'envi sur ses bords leurs couleurs,
Rouges coquelicots et marguerites blanches,
Asphodèles, bluets, chrysanthèmes, pervenches
Sous la goutte de pluie inclinant leur azur;
Violettes, trésor de parfums : un jour pur
En fait éclore assez pour combler des corbeilles,
Assez pour enrichir des légions d'abeilles.
A droite est une haie, à gauche un filet d'eau,
Que dérobe aux regards un ondoyant rideau
De cresson toujours vert, et ce sentier, je l'aime
Plus que tous les sentiers où se trouvent de même

Une haie, une source et des fleurs : car c'est lui
Qui lorsqu'au ciel obscur la lune pâle a lui,
A la grille du parc, rendez-vous solitaire,
Où l'amour s'embellit des charmes du mystère,
Sous les ormes touffus, aux bercemens plaintifs,
Sans les tromper jamais conduit mes pas furtifs.

Cauchemar.

Ancien proverbe breton.

Jamais je ne dors que je ne meure de mort amère.
    Les goules de l'abyme
    Attendant leur victime,
        Ont faim :
    Leur ongle ardent s'allonge,
    Leur dent en espoir ronge
        Ton sein.

Cauchemar.

Avec ses nerfs rompus, une main écorchée
Qui marche sans le corps dont elle est arrachée,
Crispe ses doigts crochus armés d'ongles de fer
Pour me saisir : des feux pareils aux feux d'enfer
Se croisent devant moi ; dans l'ombre des yeux fauves
Rayonnent ; des vautours à cous rouges et chauves,
Battent mon front de l'aile en poussant des cris sourds :
En vain pour me sauver je lève mes pieds lourds,
Des flots de plomb fondu subitement les baignent,
A des pointes d'acier ils se heurtent et saignent,
Meurtris et disloqués ; et mon dos cependant
Ruisselant de sueur, frissonne au souffle ardent
De naseaux enflammés, de gueules haletantes :
Les voilà, les voilà ! dans mes chairs palpitantes
Je sens des becs d'oiseaux avides se plonger,
Fouiller profondément, jusqu'aux os me ronger,

Et puis des dents de loups et de serpens qui mordent
Comme une scie aiguë, et des pinces qui tordent;
Ensuite le sol manque à mes pas chancelans:
Un gouffre me reçoit; sur des rochers brûlans,
Sur des pics anguleux que la lune reflète,
Tremblant je roule, roule, et j'arrive squelette
Dans un marais de sang; bientôt, spectres hideux,
Des morts au teint bleuâtre en sortent deux à deux,
Et se penchant vers moi m'apprennent les mystères
Que le trépas révèle aux pâles feudataires
De son empire; alors, étrange enchantement,
Ce qui fut moi s'envole, et passe lentement
A travers un brouillard couvrant les flèches grêles
D'une église gothique aux moresques dentelles.
Déchirant une proie enlevée au tombeau,
En me voyant venir, tout joyeux, un corbeau
Croasse, et s'envolant aux steppes de l'Ukraine,
Par un pouvoir magique à sa suite m'entraîne,
Et j'aperçois bientôt, non loin d'un vieux manoir,
A l'angle d'un taillis, surgir un gibet noir
Soutenant un pendu; d'effroyables sorcières
Dansent autour, et moi, de fureurs carnassières
Agité, je ressens un immense désir
De broyer sous mes dens sa chair, et de saisir,
Avec quelque lambeau de sa peau bleue et verte,
Son cœur demi pourri dans sa poitrine ouverte.

 La Demoiselle.

A MON AMI ALPHONSE B***.

> . . . . . insectes agiles
> Cuirassés d'or.
> *Am. Tastu.*

> Là de bleuâtres demoiselles
> Fêtant du nénuphar les hôtes bienheureux
> Éventails animés, se balancent sur eux
> Avec leurs frémissantes ailes.
> *Saintine.*

La Demoiselle.

.

Sur l'anémone arrosée
    De rosée,
Sur le buisson d'églantier,
Sur les ombreuses futaies,
    Sur les haies
Croissant au bord du sentier;

Sur la paquerette blanche
    Qui se penche
Au moindre souffle de vent,
Le bouton d'or, la pivoine,
    Et l'avoine
Au panache gris mouvant;

Sur les prés, sur la colline
    Qui s'incline
Vers le champ bariolé
De pittoresques guirlandes,
    Sur les landes,
Sur le grand orme isolé;

La demoiselle se berce;
    Et s'il perce
Dans la brume, au bord du ciel,
Un rayon d'or qui scintille,
    Elle brille
Comme un regard d'Ariel.

Traversant près des charmilles,
    Les familles
Des bourdonnans moucherons,
Elle se mêle à leur ronde
    Vagabonde,
Et comme eux décrit des ronds.

Bientôt elle vole et joue
    Sous la roue
Du jet d'eau qui s'élançant
Dans les airs, retombe, roule

Et s'écoule
En un ruisseau bruissant.

Plus rapide que la brise,
    Elle frise
Dans son vol capricieux,
L'eau transparente où se mire
    Et s'admire
Le saule au front soucieux,

Où s'entrouvrant blancs et jaunes,
    Près des aunes,
Les deux nénuphars en fleurs,
Au gré du flot qui gazouille
    Et les mouille,
Étalent leurs deux couleurs,

Où se baigne le nuage,
    Où voyage
Le ciel d'été souriant,
Où le soleil plonge, tremble,
    Et ressemble
Au beau soleil d'orient.

Et quand la grise hirondelle,
    Auprès d'elle

Passe, et ride à plis d'azur,
Dans sa chasse circulaire,
        L'onde claire,
Elle s'enfuit d'un vol sûr.

Lacs d'argent aux fraîches ondes,
        Plaines blondes,
Bois qui chantent, coteaux bleus,
Ciel où le nuage passe,
        Large espace,
Monts aux rochers anguleux ;

Voilà l'immense domaine
        Où promène
Ses caprices, fleur des airs,
La demoiselle nacrée,
        Diaprée
De reflets roses et verts.

Dans son étroite famille,
        Quelle fille
N'a pas vingt fois souhaité,
Rêveuse, d'être comme elle
        Demoiselle,
Demoiselle en liberté.

Les deux Ages.

La petite fille est devenue jeune fille.

Victor Hugo.

Les deux Ages.

Ce n'était, l'an passé, qu'une enfant blanche et blonde
Dont l'œil bleu, transparent et calme comme l'onde
Du lac qui réfléchit le ciel riant d'été,
N'exprimait que bonheur et naïve gaîté.

Que j'aimais dans le parc la voir sur la pelouse,
Parmi ses jeunes sœurs courir, voler, jalouse
D'arriver la première ; avec grâce les vents
Berçaient de ses cheveux les longs anneaux mouvants ;
Son écharpe d'azur se jouait autour d'elle
Par la course agitée, et, souvent infidèle,
Trahissait une épaule aux contours gracieux,
Un sein déja gonflé, trésor mystérieux,
Un col éblouissant de fraicheur, dont l'albâtre
Sous la peau laisse voir une veine bleuâtre

Aux rameaux déliés ; ou, d'autrefois, le soir,
Balançant dans sa main un léger arrosoir,
Distribuer en pluie, à ses fleurs desséchées
Par la chaleur du jour, et vers le sol penchées,
Une eau douce et limpide : à ses oiseaux ravis,
Des tiges de plantain, des grains de chenevis...

C'est une jeune fille à présent, blanche et blonde,
La même; mais l'œil bleu, jadis pur comme l'onde
Du lac qui réfléchit le ciel riant d'été,
N'exprime plus bonheur et naïve gaîté.

Far niente.

Quant à son temps bien le sut disposer :
Deux parts en fit dont il souloit passer
L'une à dormir et l'autre à ne rien faire.
Jean de La Fontaine.

Far niente.

Quand je n'ai rien à faire, et qu'à peine un nuage
Dans les champs bleus du ciel, flocon de laine, nage,
J'aime à m'écouter vivre, et libre de soucis,
Loin des chemins poudreux, à demeurer assis
Sur un moelleux tapis de fougère et de mousse,
Au bord des bois touffus où la chaleur s'émousse ;
Là, pour tuer le temps, j'observe la fourmi
Qui, pensant au retour de l'hiver ennemi,
Pour son grenier dérobe un grain d'orge à la gerbe,
Le puceron qui grimpe et se pend au brin d'herbe,
La chenille traînant ses anneaux veloutés,
La limace baveuse aux sillons argentés,
Et le frais papillon qui de fleurs en fleurs vole.
Ensuite je regarde, amusement frivole,
La lumière brisant dans chacun de mes cils,
Palissade opposée à ses rayons subtils,

6.

Les sept couleurs du prisme, ou le duvet qui flotte
En l'air, comme sur l'onde un vaisseau sans pilote;
Et lorsque je suis las je me laisse endormir
Au murmure de l'eau qu'un caillou fait gémir,
Ou j'écoute chanter près de moi la fauvette,
Et là haut dans l'azur gazouiller l'alouette.

 Stances.

Stances.

Vous ne connaissez pas les molles rêveries
Où l'âme se complaît et s'arrête long-temps,
De même que l'abeille en un soir de printemps,
Sur une scabieuse au milieu des prairies ;

Vous ne connaissez pas cet inquiet désir
Qui fait rougir souvent une joue ingénue,
Ce besoin d'habiter une sphère inconnue,
D'embrasser un fantôme impossible à saisir ;

Ces attendrissemens, ces soupirs et ces larmes
Sans cause, qu'on voudrait, mais en vain, réprimer,
Cette vague langueur et ce doux mal d'aimer,
Pour un objet chéri ces mortelles alarmes ;

Vous ne connaissez rien, rien que folle gaîté,
Sur votre lèvre rose un frais sourire vole,
Votre entretien naïf, sérieux ou frivole,
Est égal et serein comme un beau jour d'été.

Sur votre main jamais votre front ne se pose,
Brûlant, chargé d'ennuis, ne pouvant soutenir
Le poids d'un douloureux et cruel souvenir,
Votre cœur virginal en lui-même repose.

Avenir et présent, tout rit dans vos destins,
Vous n'avez pas encor aimé sans être aimée,
Ni retenant à peine une larme enflammée,
Épié d'un regard les aveux incertains.

Jeune fille vos yeux ignorent l'insomnie.
Une pensée ardente et qui revient toujours,
Ne trouble pas vos nuits tristes comme vos jours;
Votre vie en sa fleur n'a pas été ternie.

Ainsi qu'un ruisseau clair où se mirent les cieux,
Dont le cours lentement par les prés se déroule,
Votre existence pure et limpide s'écoule,
Heureuse d'un bonheur calme et silencieux.

Promenade nocturne.

Allons la belle nuit d'été.
Alfred de Musset.

C'était par un beau soir, par un des soirs que rêve
Au murmure lointain d'un invisible accord
Le poète qui veille ou l'amante qui dort.

Victor Pavie.

Promenade nocturne.

La rosée arrondie en perles
Baigne les tapis de gazon,
Les chardonnerets et les merles
Chantent à l'envi leur chanson.

Vois-tu, des fleurs jaunes et blanches
Brodent le bord vert du chemin,
Un vent léger courbe les branches
Du chevrefeuille et du jasmin.

La nuit est calme ; les étoiles
Brillent au milieu du ciel pur,
Et se réfléchissent sans voiles
Dans le miroir du lac d'azur.

Et la lune au disque d'agathe
S'avance au dessus des monts bleus,
Comme le brick ou la frégate,
Au sein de l'océan houleux.

Prends mon bras, ô ma bien-aimée,
Et nous irons à deux jouir
De la belle nuit embaumée,
Et, couchés sur la mousse, ouïr

La voix argentine de l'onde
Qui ruisselle entre des roseaux,
Dans une ravine profonde,
Sous un ombrage de bouleaux.

Sonnet II.

Amour tant vous hai servit
Senz pecas et senz failhimen,
Et vous sabez quant petit
Hai avut de jauzimen.

    Peyrols.

Ne sais-tu pas que je n'eus onc
D'elle plaisir ny un seul bien.

    Marot.

Sonnet II.

Ne vous détournez pas, car ce n'est point d'amour
Que je veux vous parler; que le passé, madame,
Soit pour nous comme un songe envolé sans retour,
Oubliez une erreur que moi-même je blâme.

Mais vous êtes si belle, et sous le noir contour
De vos sourcils arqués luit un regard de flamme
Si perçant, qu'on ne peut vous avoir vue un jour
Sans porter à jamais votre image en son ame.

Moi, mes traits soucieux sont couverts de pâleur,
Car dès mes premiers ans souffrant et solitaire,
Dans mon cœur je nourris une pensée austère,

Et mon front avant l'âge a perdu cette fleur
Qui s'entrouvre vermeille au printemps de la vie,
Et qui ne revient plus alors qu'elle est ravie.

7.

La Basilique.

The pillared arches were over their head
And beneath their feet were the bones of the dead.
The lay of last minstrel.

On voit des figures de chevaliers à genoux sur un tombeau, les mains jointes... les arcades obscures de l'église couvrent de leurs ombres ceux qui reposent.

Göerres.

La Basilique.

Il est une basilique
Aux murs moussus et noircis,
Du vieux temps noble relique,
Où l'ame mélancolique
Flotte en pensers indécis.

Des losanges de plomb ceignent
Les vitreaux coloriés,
Où les feux du soleil teignent
Les reflets errans qui baignent
Les plafonds armoriés.

Cent colonnes découpées
Par de bizarres ciseaux,
Comme des faisceaux d'épées

Au long de la nef groupées,
Portent les sveltes arceaux.

La fantastique arabesque
Courbe ses légers dessins
Autour du treffle moresque,
De l'arcade gigantesque
Et de la niche des saints.

Dans leurs armes féodales,
Vidames et chevaliers,
Sont là, couchés sur les dalles
Des chapelles sépulchrales,
Ou debout près des piliers.

Des escaliers en dentelles
Montent avec cent détours
Aux voûtes hautes et frêles,
Mais fortes comme les ailes
Des aigles ou des vautours.

Sur l'autel, riche merveille,
Ainsi qu'une étoile d'or,
Reluit la lampe qui veille,
La lampe qui ne s'éveille
Qu'au moment où tout s'endort.

Que la prière est fervente
Sous ces voûtes, lorsqu'en feu
Le ciel éclate, qu'il vente,
Et qu'en proie à l'épouvante,
Dans chaque éclair on voit Dieu !

Ou qu'à l'autel de Marie,
A genoux sur le pavé,
Pour une vierge chérie
Qu'un mal cruel a flétrie,
En pleurant l'on dit : *Ave.*

Mais chaque jour qui s'écoule
Ébranle ce vieux vaisseau,
Déja plus d'un mur s'écroule,
Et plus d'une pierre roule,
Large fragment d'un arceau.

Dans la grande tour, la cloche
Craint de sonner l'*Angelus:*
Partout le lierre s'accroche;
Hélas! et le jour approche
Où je ne vous dirai plus:

Il est une basilique
Aux murs moussus et noircis,

Du vieux temps noble relique,
Où l'ame mélancolique
Flotte en pensers indécis.

L'Oiseau captif.

Car quand il pleut et le soleil des cieux
Ne reluit point, tout homme est soucieux.
Clément Marot.

. . . . . yet shall reascend
Self raised, and repossess its native seat.
L. Byron.

L'Oiseau captif.

Depuis de si longs jours prisonnier, tu t'ennuies,
Pauvre oiseau, de ne voir qu'intarissables pluies,
De filets gris rayant un ciel noir et brumeux,
Que toits aigus baignés de nuages fumeux.
Aux gémissemens sourds du vent d'hiver qui passe
Promenant la tourmente au milieu de l'espace,
Tu n'oses plus chanter : mais vienne le printemps
Avec son soleil d'or aux rayons éclatans,
Qui d'un regard bleuit l'émail du ciel limpide,
Ramène d'outremer l'hirondelle rapide,
Et couvre les rameaux d'un feuillage enchanté,
Alors tu reprendras ta voix et ta gaîté ;
Et si toujours constant à ta douleur austère,
Tu regrettais encor la forêt solitaire,

L'orme du grand chemin, le rocher, le buisson,
La campagne que dore une blonde moisson,
La rivière, le lac aux ondes transparentes
Que plissent en passant les brises odorantes,
Je t'abandonnerais à ton joyeux essor.
Tous les deux cependant nous avons même sort,
Mon ame est comme toi; de sa cage mortelle
Elle s'ennuie hélas! et souffre, et bat de l'aile,
Elle voudrait planer dans l'océan du ciel,
Ange elle-même, suivre un ange Ithuriel,
S'enivrer d'infini, d'amour et de lumière,
Et remonter enfin à la cause première;
Mais grand dieu, quelle main ouvrira sa prison,
Quelle main à son vol livrera l'horizon!

Et nous voulons mourir quand le rêve finit.
A. Guiraud.

Toute la nuict je ne pense qu'en celle
Qui ha le cors plus gent qu'une pucelle
De quatorze ans.
Maître Clément Marot.

Rêve.

Voici ce que j'ai vu naguère en mon sommeil :
Le couchant enflammait à l'horizon vermeil
Les carreaux de la ville ; et moi sous les arcades
D'un bois profond, au bruit du vent et des cascades,
Aux chansons des oiseaux j'allais, foulant des fleurs
Qu'un arc-en-ciel teignait de changeantes couleurs.
Soudain des pas légers froissent l'herbe ; une femme
Que j'aime dès long-temps du profond de mon ame,
Comme une jeune fée accourt vers moi ; ses yeux
A travers ses longs cils brillent de plus de feux
Que les astres du ciel ; et sur la verte mousse
A mes lèvres d'amant livrant une main douce,

Elle rit, et bientôt enlacée à mes bras
Me dit, le front brûlant et rouge d'embarras,
Ce mot mystérieux qui jamais ne s'achève,
Ce mot qui les vaut tous : — Pourquoi n'est-ce qu'un rê

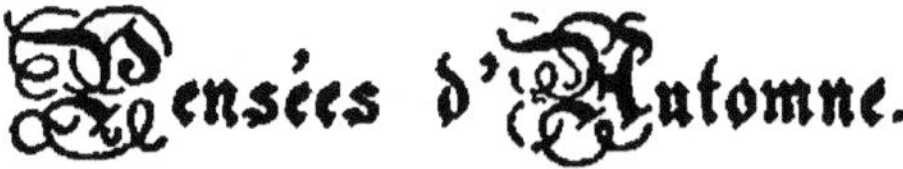

Pensées d'Automne.

La rica autouna s'es passada
L'hiver suz un cari tourat
S'en ven la capa ementoulada
D'un veù neblouz enjalibrat.

Son autounous.

J'entends siffler la bise aux branchages rouillés
Des saules qui là-bas se balancent mouillés.

Auguste M.

Pensées d'Automne.

L'automne va finir ; au milieu du ciel terne,
Dans un cercle blafard et livide que cerne
Un nuage plombé, le soleil dort : du fond
Des étangs remplis d'eau monte un brouillard qui fond
Collines, champs, hameaux dans une même teinte.
Sur les carreaux, la pluie en larges gouttes tinte ;
La froide bise siffle ; un sourd frémissement
Sort du sein des forêts ; les oiseaux tristement
Mêlant leurs cris plaintifs aux cris des bêtes fauves,
Sautent de branche en branche à travers les bois chauves,
Et semblent aux beaux jours envolés dire adieu.
Le pauvre paysan se recommande à Dieu,
Craignant un hiver rude ; et moi, dans les vallées.
Quand je vois le gazon sous les blanches gelées
Disparaître et mourir, je reviens à pas lents,
M'asseoir le cœur navré près des tisons brûlans.

Et là je me souviens du soleil de septembre
Qui donnait à la grappe un jaune reflet d'ambre;
Des tilleuls embaumés et de la chûte d'eau,
Et du treffle naissant, pittoresque rideau
S'étendant à longs plis sur la plaine rayée,
Et de la route étroite en son milieu frayée,
Et surtout des bleuets et des frêles pavots
Qui croissaient à milliers parmi des blés nouveaux.

Infidélité.

> Bandiera d'ogni vento
> Conosco que sei tu.
> *Chanson italienne.*

> La volonté de l'ingrate est changée.
> *Antoine de Baïf.*

Infidélité.

Voici l'orme qui balance
Son ombre sur le sentier;
Voici le jeune églantier,
Le bois ou dort le silence;
Le banc de pierre où le soir
Nous aimions à nous asseoir.

Voici la voûte embaumée
De rosiers et de lilas,
Où lorsque nous étions las,
Ensemble, ô ma bien aimée,
Sous des guirlandes de fleurs,
Nous laissions fuir les chaleurs.

Voici le marais que ride
Le saut du poisson d'argent ;
Dont la grenouille en nageant
Trouble le miroir humide ;
Comme autrefois, les roseaux
Baignent leurs pieds dans ses eaux.

Comme autrefois, la pervenche,
Sur le velours vert des prés,
Par le printemps diaprés,
Aux baisers du soleil penche
A moitié rempli de miel,
Son calice bleu de ciel.

Comme autrefois, l'hirondelle
Rase en passant les donjons ;
Et le cygne dans les joncs
Se joue et livre son aile
Aux carresses d'un vent doux...
Rien n'a donc changé que vous.

À mon ami Auguste M***

For yonder faithless phantom flies
To lure thee to thy doom.
Goldsmith.

C'est, dit-il, d'autant que j'ay veu plusieurs bou-
teilles qui auoient la robe toute neufve et le verre
estoit cassé dedans ; et plusieurs pommes desquelles
l'écorce estoit vermeille et reluisante dont le dedans
estoit mangé de vers et tout pourry.
Le Vagabond.

Par une nuit d'été, quand le ciel est d'azur,
Souvent un feu follet sort du marais impur;
Le passant qui le voit le prend pour la lumière
Qui scintille aux carreaux lointains d'une chaumière;
Vers le fanal perfide il s'avance à grands pas,
Tout joyeux, et bientôt ne s'apercevant pas
Qu'un abîme est ouvert à ses pieds, il y tombe,
Et son corps reste là sans prière et sans tombe.
Aux lieux où fut Gomorrhe autrefois, et que Dieu
En courroux inonda d'un déluge de feu,
Sur la grève brûlée, asile frais et sombre,
Des orangers touffus s'élèvent en grand nombre,

Chargés de fruits riants dont la tunique d'or
Ne livre que poussière à la dent qui les mord :
Dans ma pensée, ami, je trouve qu'une femme
Qui sous de beaux semblans cache une vilaine ame,
Pour ceux que sa beauté décevante a séduits,
Pareille au feu follet, l'est encore à ces fruits.

Élégie II.

Ingrate... pour t'avoir bien servie
    Adorant ta beauté,
Je vois bien qu'à la fin tu m'osteras la vie
    Après la liberté.

            De Lingendes.

... je l'adore et meurs de trop aimer.
        Philippes Desportes.

Élégie II.

Je voudrais l'oublier ou ne pas la connaître...
Oh, si j'avais pensé que dans mon cœur dût naître
Ce feu qui le dévore et qui ne s'éteint pas,
Loin d'elle encor à temps j'aurais porté mes pas...
Mais non, il le fallait ; c'était ma destinée !
Contre elle vainement, dans mon ame indignée
Je crie et me révolte ; il le fallait. Le soir,
A l'ombre des tilleuls elle venait s'asseoir,
Je la voyais. Son front candide où ses pensées
D'une rougeur pudique arrivent nuancées,
Sous l'arc d'un sourcil brun, son œil étincelant,
Par un éclair rapide en silence parlant,
Et ses propos naïfs, et sa grâce enfantine,
Et par fois dans nos jeux sa colère mutine,

Tout en elle d'amour et d'espoir m'enivrait.
A des songes dorés mon ame se livrait,
Elle était tout pour moi qui ne suis rien pour elle!
De ses affections ombre et miroir fidèle,
Je riais, je pleurais à son rire, à ses pleurs,
Lorsqu'elle me contait sa joie ou ses douleurs.
Sa vie était la mienne; une espérance folle
Me flattait de toucher un jour ce cœur frivole;
Mais elle, à tant d'amour qu'elle n'a pas compris,
N'a jamais répondu que par le froid mépris,
La vague indifférence, et la haine peut-être!...
Je voudrais l'oublier ou ne pas la connaitre.

Je lis les faits joyeux du bon Pentagruel,
Je sais presque par cœur l'histoire véritable
Des quatre fils Aymon et de Robert-le-Diable.

GRANDVAL, *le Vice puni.*

Veillée.

Lorsque le lambris craque, ébranlé sourdement,
Que de la cheminée il jaillit par moment
Des sons surnaturels, qu'avec un bruit étrange
Pétillent les tisons, entourés d'une frange
D'un feu blafard et pâle, et que des vieux portraits
De bizarres lueurs font grimacer les traits;
Seul, assis, loin du bruit, du récit des merveilles
D'autrefois aimez-vous bercer vos longues veilles?
C'est mon plaisir à moi; si, dans un vieux château,
J'ai trouvé par hazard quelque lourd in-quarto,
Sur les rayons poudreux d'une armoire gothique
Dès long-temps oublié, mais dont la marge antique
Couverte d'ornemens, de fantastiques fleurs,
Brillé, comme un vitrail, des plus vives couleurs,

Je ne puis le quitter. Lais, virelais, ballades,
Légendes de béats guérissant les malades,
Les possédés du diable, et les pauvres lépreux,
Par un signe de croix; chroniques d'anciens preux,
Mes yeux dévorent tout; c'est en vain que l'horloge
Tinte par douze fois, que le hibou déloge
En glapissant, blessé des rayons du flambeau
Qui m'éclaire; je lis : sur la table à tombeau,
Le long du chandelier, cependant la bougie
En larges nappes coule, et la vitre rougie
Laisse voir dans le ciel, au bord de l'orient,
Le soleil qui se lève avec un front riant.

 Élégie III.

Socrorcys ojos con aqua que el coraçon
La demanda.
Chanson espagnole.
Fare the well.
L. Byron.

Élégie III.

Elle est morte pour moi, dans la tombe glacée
Comme si le trépas l'avait déja placée;
Elle vit cependant; ange exilé des cieux,
Vrai rêve de poète, étrange et gracieux;
C'est bien elle toujours, elle que j'ai connue
Au sortir de l'enfance, à quinze ans, ingénue,
Folâtre, insouciante, ignorant sa beauté,
S'ignorant elle-même, et jetant de côté,
De peur qu'une pensée amère ne s'éveille,
Souci du lendemain, souvenir de la veille.
Mais je ne verrai plus ses grands yeux expressifs
Vers les miens s'élever, et s'abaisser pensifs!...
Mais je ne pourrai plus, pendant le soir, entendre
De sa voix douce au cœur le son léger et tendre

S'échapper de sa lèvre, ainsi qu'un chant divin
D'une harpe magique. Hélas! et c'est en vain
Qu'en longs transports d'amour, en vifs élans de flamme.
J'ai dépensé pour elle et mes jours et mon ame!

 Clémence.

O peu durables fleurs de la beauté mortelle !
Philippe Desportes.

D'Isabelle l'ame ait paradis.
Épitaphe gothique.

Clémence.

Un monument sur ta cendre chérie
    Ne pèse pas,
Pauvre Clémence, à ton matin flétrie
    Par le trépas.

Tu dors sans faste, au pied de la colline,
    Au dernier rang,
Et sur ta fosse un saule pâle incline
    Son front pleurant.

Ton nom déja par la pluie et la neige
    Est effacé
Sur le bois noir de la croix qui protége
    Ton lit glacé.

Mais l'amitié qui se souvient, fidèle ,
Avec des fleurs,
Vient à l'endroit seulement connu d'elle,
Verser des pleurs.

 Voyage.

Il me faut du nouveau n'en fût-il plus au monde:
Jean de La Fontaine.

Jam mens prætrepidans avet vagari ,
Jam læti studio pedes vigescunt.
Catulle.

Voyage.

Au travers de la vitre blanche
Le soleil rit, et sur les murs
Traçant de grands angles, épanche
Ses rayons splendides et purs :
Par un si beau temps, à la ville
Rester parmi la foule vile!
Je veux voir des sites nouveaux :
Postillons, sellez vos chevaux.

Au sein d'un nuage de poudre,
Par un galop précipité,
Aussi promptement que la foudre
Comme il est doux d'être emporté'
Le sable bruït sous la roue,
Le vent autour de vous se joue;
Je veux voir des sites nouveaux :
Postillons, pressez vos chevaux.

Les arbres qui bordent la route
Paraissent fuir rapidement,
Leur forme obscure dont l'œil doute
Ne se dessine qu'un moment ;
Le ciel, tel qu'une banderolle,
Pardessus les bois roule et vole ;
Je veux voir des sites nouveaux :
Postillons, pressez vos chevaux.

Chaumières, fermes isolées,
Vieux châteaux que flanque une tour,
Monts arides, fraiches vallées,
Forêts se suivent tour à tour ;
Par fois au milieu d'une brume,
Un ruisseau dont la chute écume ;
Je veux voir des sites nouveaux :
Postillons, pressez vos chevaux.

Puis, une hirondelle qui passe,
Rasant la grève au sable d'or,
Puis, semés dans un large espace,
Les moutons d'un berger qui dort ;
De grandes perspectives bleues,
Larges et longues de vingt lieues ;
Je veux voir des sites nouveaux :
Postillons, pressez vos chevaux

Une montagne : l'on enraye,
Au bord du rapide penchant
D'un mont dont la hauteur effraye :
Les chevaux glissent en marchant,
L'essieu grince, le pavé fume,
Et la roue un instant s'allume ;
Je veux voir des sites nouveaux :
Postillons, pressez vos chevaux.

La côte raide est descendue.
Recouverte de sable fin,
La route, à chaque instant perdue,
S'étend comme un ruban sans fin.
Que cette plaine est monotone !
On dirait un matin d'automne ;
Je veux voir des sites nouveaux :
Postillons, pressez vos chevaux.

Une ville d'un aspect sombre,
Avec ses tours et ses clochers
Qui montent dans les airs, sans nombre,
Comme des mâts ou des rochers,
Où mille lumières flamboient
Au sein des ombres qui la noient :
Je veux voir des sites nouveaux :
Postillons, pressez vos chevaux !

11.

Mais ils sont las, et leurs narines,
Rouges de sang, soufflent du feu;
L'écume inonde leurs poitrines
Il faut nous arrêter un peu.
Halte! demain, plus vite encore,
Aussitôt que poindra l'aurore,
Postillons, pressez vos chevaux,
Je veux voir des sites nouveaux.

Le Coin du Feu.

Blow, Blow, winter's wind.
Shakspeare.

Vente, gelle, gresle, j'ay mon pain cuict.
Villon.

Around in sympathetic mirth,
Its tricks the kitten tries;
The cricket chirrups in the heart
The crackling faggot flies.
Goldsmith.

Quam juvat immites ventos audire cubantem.
Tibulle.

Le Coin du Feu.

Que la pluie à déluge au long des toits ruisselle !
Que l'orme du chemin penche, craque et chancelle
Au gré du tourbillon dont il reçoit le choc !
Que du haut des glaciers l'avalanche s'écroule !
Que le torrent aboie au fond du gouffre, et roule
Avec ses flots fangeux de lourds quartiers de roc !

Qu'il gèle ! et qu'à grand bruit, sans relâche, la grêle
De grains rebondissans fouette la vitre frêle !
Que la bise d'hiver se fatigue à gémir !
Qu'importe ? n'ai-je pas un feu clair dans mon âtre,
Sur mes genoux un chat qui se joue et folâtre,
Un livre pour veiller, un fauteuil pour dormir ?

La Tête de Mort.

Ton test n'aura plus de peau,
Et ton visage si beau
N'aura veines ni artères,
Tu n'auras plus que des dents
Telles qu'on les voit dedans
Les têtes des cimetières.

Pierre Ronsard.

La mort nous fait dormir une éternelle nuit.

Joachim Dubellay.

La Tête de Mort.

Personne ne voulait aller dans cette chambre,
Surtout pendant les nuits si tristes de décembre,
Quand la bise gémit et pousse des sanglots,
Et que du ciel obscur tombe la pluie à flots.
Car c'était une chambre antique, inhabitée,
A minuit, disait-on, de revenans hantée,
Une chambre où les ais du parquet désuni
S'agitent sous vos pieds, *où le plafond jauni*
Se partage et s'écroule, où la tapisserie
A personnages, tremble, et sur la boiserie
Ondule à plis poudreux au moindre ébranlement.
On en avait ôté les meubles ; seulement
Entre de vieux portraits, un crucifix d'ivoire.
Avec du buis bénit, sur une étoffe noire,

Pendait du mûr : au bas, en guise de support,
On avait mis jadis une tête de mort ;
Et me ressouvenant des fables qu'on débite,
Enfant, je croyais voir au fond de cet orbite
Que l'œil n'anime plus, de blafardes lueurs ;
Et quand il me fallait passer là, des sueurs
M'inondaient, tour à tour brûlantes et glacées :
J'aurais fait le serment que les dents déchaussées
De cet épouvantail, en ricanant grinçaient,
Et que confusément des mots s'en élançaient.
A présent jeune encor, mais certain que notre ame,
Inexplicable essence, insaisissable flamme,
Une fois exhalée, en nous tout est néant,
Et que rien ne ressort de l'abime béant
Où vont, tristes jouets du temps, nos destinées,
Comme au cours des ruisseaux les feuilles entrainées
Sans peur je la regarde, et je dis : Quelques ans,
Que sais-je ! quelques mois, un espace de temps
Beaucoup plus court, demain, après demain peut-être
Les yeux de mes amis ne pourront me connaître.
Tête de mort livide à mon tour. — Celle-ci
Est celle d'une femme autrefois morte ici,
Dont voilà le portrait qui, dans son cadre, semble
Vous regarder, sourire et remuer ; l'ensemble
De ses traits ingénus, de fraicheur éclatans,
Montre qu'elle touchait à peine à son printemps :

Pourtant elle mourut; bien des larmes coulèrent.
Sans doute à son convoi, bien des fleurs s'effeuillèrent
Sur sa tombe, tributs de pieuses douleurs
Sans doute.—Mais le temps sait arrêter les pleurs,
Et des premiers chagrins l'amertume passée,
Bientôt l'on oublia la belle trépassée.
—Belle, qui le dirait! où sont ces cheveux blonds,
Qui roulent vers son col si soyeux et si longs;
Cette joue aux contours ondoyans, aussi fraîche
Qu'au beau soleil d'été le duvet d'une pêche,
Ces lèvres de corail au sourire enfantin,
Ce front charmant à voir, cette peau de satin,
Où comme un fil d'azur transparaît chaque veine,
Ces yeux bleus que l'amour, passion creuse et vaine,
N'a jamais fait pleurer?—Un crâne blanc et nu,
Deux trous noirs et profonds où l'œil fut contenu,
Une face sans nez, informe et grimaçante,
Du sort qui nous attend image menaçante;
Voilà ce qu'il en reste avec un souvenir
Qui s'éteindra bientôt dans le vaste avenir.

Ballade.

Regarder les oudes de l'air

. . . .

Puis admirant sur les sillons
Les ailes des gais papillons
De mille couleurs parsemées.
Les croire des fleurs animées.
Saint-Amand.

See! moats and bridges wals and castles ride.
Crabbe.

Sonne, sonne, ami Dampierre.
Ballade des chasseurs.

Un peu plus loin considérez cette alouette qui
s'élève peu à peu du milieu des blés, en voltigeant
en haut, elle chante si mélodieusement qu'il ne
se peut mieux, vous diriez qu'elle va en chantant
boire dans les nuées.
Le Confiteor de l'infidèle éprouvé.

Ballade.

Quand à peine un nuage,
Flocon de laine, nage
Dans les champs du ciel bleu ;
Et que les moissons blondes
Dorment comme les ondes
Sous un soleil de feu ;

Quand les couleuvres souples
Se promènent par couples
Dans les fossés taris ;
Quand les grenouilles vertes,
Par les roseaux couvertes,
Troublent l'air de leurs cris ;

Près des vieilles murailles,
A l'ombre des broussailles,

Quand le lézard s'endort ;
Et quand dans les prairies
Les pervenches flétries
Jonchent le gazon mort ;

Qu'il fait bon ne rien faire !
Libre de toute affaire,
Libre de tout soucis,
Et sur la mousse tendre
Nonchalamment s'étendre,
Ou demeurer assis ;

Et suivre l'araignée,
De lumière baignée,
Allant au bout d'un fil
A la branche d'un chêne,
Nouer la double chaîne
De son réseau subtil ;

Ou le duvet qui flotte,
Et qu'un souffle balotte
Comme un grand ouragan ,
Et la fourmi qui passe
Dans l'herbe, et se ramasse
Des vivres pour un an ;

Le papillon frivole,
Qui de fleurs en fleurs vole,
Tel qu'un page galant ;
Le puceron qui grimpe
A l'odorant olympe
D'un brin d'herbe tremblant :

Et puis s'écouter vivre,
Et feuilleter un livre,
Et rêver au passé,
En évoquant les ombres
Ou riantes ou sombres
D'un long rêve effacé ;

Et battre la campagne,
Et bâtir en Espagne
De magiques châteaux ;
Créer un nouveau monde
Et jeter à la ronde
Pittoresques coteaux.

Vastes amphitéâtres
De montagnes bleuâtres,
Mers aux lames d'azur,
Villes monumentales,

Splendeurs orientales,
Ciel éclatant et pur ;

Jaillissantes cascades,
Lumineuses arcades
Du palais d'Obéron ;
Gigantesques portiques,
Colonnades antiques,
Manoir de vieux baron,

Avec sa châtelaine
Qui regarde la plaine
Du sommet des donjons,
Avec son nain difforme,
Son pont-levis énorme,
Ses fossés pleins de joncs ;

Et sa chapelle grise,
Dont l'hirondelle frise
Au printemps les vitreaux,
Ses mille cheminées
De corbeaux couronnées,
Et ses larges créneaux ;

Et sur les hallebardes
Et les dagues des gardes

Un éclair de soleil ;
Et dans la forêt sombre
Lévriers en grand nombre,
Et joyeux appareil ;

Chevaliers, damoiselles,
Beaux habits, riches selles
Et fringans palefrois ;
Varlets qui sur la hanche
Ont un poignard au manche
Taillé comme une croix !

Voici le cerf rapide,
Et la meute intrépide !
Hallali, hallali,
Les cors bruyans résonnent,
Les pieds des chevaux tonnent,
Et le cerf affaibli

S'arrête, court, se trouble ;
L'ardeur des chiens redouble,
Il chancelle, il s'abat.
Pauvre cerf, son corps saigne.
La sueur à flots baigne
Son flanc meurtri qui bat :

Son œil plein de sang, roule
Une larme qui coule,
Sans toucher ses vainqueurs ;
Ses membres froids s'allongent,
Et dans son col se plongent
Les couteaux des piqueurs ;

Et lorsque de ce rêve,
Qui jamais ne s'achève,
Mon esprit est lassé,
J'écoute de la source
Arrêtée en sa course
Gémir le flot glacé,

Gazouiller la fauvette
Et chanter l'alouette
Au milieu d'un ciel pur ;
Puis je m'endors tranquille
Sous l'ondoyant asile
De quelque ombrage obscur.

Le sujet de cette ballade est le même que celui de la pièce intitulée *Far niente* (page 65), mais le rhythme en est si dissemblable que j'ai cru pouvoir la conserver sans inconvénient.

ne ame.

> Son ame avait brisé son corps.
>
> *Victor Hugo.*
>
> Diex por amer l'avoit faicte.
>
> *Le chastelain de Coucy.*

Une ame.

C'était une ame neuve, une ame de créole,
Toute de feu, cachant à ce monde frivole
Ce qui fait le poète, un inquiet désir
De gloire aventureuse et de profond loisir,
Et capable d'aimer comme aimerait un ange,
Ne trouvant en chemin que des ames de fange :
Peu comprise, blessée au vif à tout moment,
Mais n'osant pas s'en plaindre, et sans épanchement,
Sans consolation, traversant cette vie ;
Aux entraves du corps à regret asservie,
Esquif infortuné que d'un baiser vermeil
Dans sa course jamais n'a doré le soleil,
Triste jouet du vent et des ondes ; au reste,
Résignée à l'oubli, nécessité funeste
D'une existence vague et manquée : ici bas
Ne connaissant qu'amers et douloureux combats,

Dans un corps abattu sous le chagrin, et frêle
Comme un épi courbé par la pluie ou la grêle;
Encore si la foi... l'espérance... mais non,
Elle ne croyait pas, et Dieu n'était qu'un nom
Pour cette ame ulcérée... Enfin au cimetière,
Un soir d'automne sombre et grisâtre, une bière
Fut apportée : un être à la terre manqua,
Et cette absence, à peine un cœur la remarqua.

Souvenir.

Deux estions et n'avions qu'ung cœur.
Le lay de maistre Ytier Marchant

Hélas! il n'étoit pas saison
Sitôt de son département.
La complainte de Valentin Granson.

Souvenir.

D'elle que reste-t-il aujourd'hui? Ce qui reste,
Au réveil d'un beau rève, illusion céleste ;
Ce qui reste l'hiver des parfums du printemps,
De l'émail velouté du gazon; au beau temps,
Des frimas de l'hiver et des neiges fondues,
Ce qui reste le soir des larmes répandues
Le matin par l'enfant, des chansons de l'oiseau,
Du murmure léger des ondes du ruisseau,
Des soupirs argentins de la cloche, et des ombres
Quand l'aube de la nuit perce les voiles sombres.

Sonnet III.

L'homme n'est rien qu'un mort qui traine sa carcasse.
Du May.
Fronti nulla fides.

Sonnet III.

Quelquefois au milieu de la folâtre orgie,
Lorsque son verre est plein, qu'une jeune beauté
Endort son désespoir amer par la magie
D'un regard enchanteur où luit la volupté,

L'ame du malheureux sort de sa léthargie ;
Son front pâle retrouve un rayon de gaîté,
Sa prunelle mourante un reste d'énergie ;
Il sourit oublieux de la réalité.

Mais toute cette joie est comme le lierre
Qui d'une vieille tour, guirlande irrégulière,
Embrasse en les cachant les pans démantelés ;

Au dehors on ne voit que riante verdure,
Au dedans, que poussière infecte et noire ordure,
Et qu'ossemens jaunis aux décombres mêlés.

Maria.

> . . . meæ puellæ
> Flendo turgiduli rubent ocelli.
>
> *V. Catullus.*
>
> Ne pleure pas. . .
>
> *Dovalle.*

Maria.

De tes longs cils de jais que ta main blanche essuie,
Comme des gouttes d'eau d'un arbre après la pluie,
Ou, comme la rosée au point du jour, des fleurs
Qu'un pied inattentif froisse, j'ai vu des pleurs
Tomber et ruisseler en perles sur ta joue :
En vain de la gaîté l'éclair à présent joue
Dans tes yeux noirs ; en vain ta bouche me sourit ;
D'inquiètes terreurs agitent mon esprit :
Qu'avais-tu, Maria ? toi rieuse et folâtre,
Toi, de plaisirs bruyans et de danse idolâtre,
Le soir, quand le soleil incline à l'horizon,
La première à fouler l'émail vert du gazon,
La première à poursuivre en sa rapide course
La demoiselle bleue aux bords frais de la source.

A chanter des chansons, à reprendre un refrain;
Toi qui n'as jamais su ce qu'était un chagrin,
A l'écart tu pleurais; réponds-moi, quel orage
Avait terni l'éclat de ton ciel sans nuage?
Ton passereau chéri bat de l'aile, joyeux,
Les barreaux de sa cage, et sur son lit soyeux,
Ton jeune épagneul dort; tout va bien, et tes roses
Répandent leurs parfums, heureusement écloses:
Qu'avais-tu donc, enfant? quel malheur imprévu
Te faisait triste?—Hier je ne t'avais pas vu.

À mon ami Eugéne de M***.

Les parfums les plus doux et les plus belles fleurs
Perdoient en un instant leurs charmantes odeurs ;
Tous ces mets savoureux dont je chargeois ma table
Ne m'ont jamais offert qu'un plaisir peu durable,
Oublié le jour même et suivi de regrets,
Mais de ces jours heureux, Xanthus, et de ces veilles
Où de savans discours ont charmé mes oreilles
Il m'en reste des fruits qui ne mourront jamais.

Callimaque, traduction de la Porte Duteil

Vous voyez bien que j'ai mille choses à dire.

Hernani.

Ne t'en vas pas, Eugène, il n'est pas tard ; la lune
A l'angle du carreau sur l'atmosphère brune
N'a pas encore paru : nous causerons un peu,
Car causer est bien doux le soir, auprès du feu,
Lorsque tout est tranquille et qu'on entend à peine
Entre les arbres nus glisser la froide haleine
De la brise nocturne, et la chauve-souris
En tournoyant dans l'air pousser de faible cris ;
Reste, nous causerons de quelque jeune fille,
Dont la lèvre sourit, dont la prunelle brille,
Et que nous avons vue, en promenant un jour,
Passer devant nos yeux comme un ange d'amour ;
De nos auteurs chéris, Victor et Sainte-Beuve,
Aigles audacieux, qui d'une route neuve

Et d'obstacles semée ont tenté les hasards,
Malgré les coups de bec de mille geais criards ;
Et d'Alfred De Vigny, qui d'une main savante,
Dessina de Cinq-Mars la figure vivante,
Et d'Alfred de Musset et d'Antoni Deschamps,
Et d'eux tous dont la voix chante de nouveaux chants ;
Des vieux qu'un siècle ingrat en s'avançant oublie,
Guillaume de Lorris dont l'œuvre inaccomplie,
Poétique héritage aux mains de Clopinel,
Après sa mort passa, monument éternel,
De la langue au berceau ; Pierre Vidal, trouvère
Dont le luth tour à tour gracieux et sévère,
Sous les plafonds ornés de nobles pannonceaux,
Dans leurs fêtes charmait les comtes provenceaux :
Peyrols l'aventurier, qui rime en Palestine
Quelqu'amoureux tenson qu'à sa belle il destine ;
Le bon Alain Chartier, Rutebeuf le conteur,
Sire Gasse-Brulez, Habert le traducteur,
Maître Clément Marot, madame Marguerite,
De ses jolis dixains la muse favorite ;
Villon, et Rabelais cet Homère moqueur,
Dont le sarcasme aigu comme un poignard, au cœur
De chaque vice plonge, et des foudres du pape
N'ayant cure, l'atteint sous la pourpre ou la chape
Car nous aimons tous deux les tours hardis et forts,
Mais naïfs cependant et placés sans efforts ;

L'originalité, la puissance comique
Qu'on trouve en ces bouquins à couverture antique,
Dont la marge a jauni sous les doigts studieux
De vingt commentateurs, nos patiens aïeux.
Quand nous aurons assez parlé littérature,
Nous changerons de texte et parlerons peinture ;
Je te dirai comment Rioult, mon maître, fait
Un tableau qui, je crois, sera d'un grand effet ;
C'est un ogre lascif qui dans ses bras infames
A son repaire affreux porte sept jeunes femmes ;
Renaud de Montauban, illustre paladin,
Le suit l'épée au poing : lui, d'un air de dédain,
Le regarde d'en haut ; son œil sanglant et louche
Son crâne chauve et plat, son nez rouge, sa bouche
Qui ricane et s'entrouvre ainsi qu'un gouffre noir,
Le rendent de tout point très singulier à voir :
Surprises dans le bain les sept femmes sont nues,
Leurs contours veloutés, leurs formes ingénues
Et leur coloris frais comme un rêve au printemps,
Leurs cheveux en désordre et sur leurs cous flottans,
La terreur qui se peint dans leurs yeux pleins de larmes
Me paraissent vraiment admirables ; les armes
Du paladin Renaud faites d'acier bruni,
Étoilé de clous d'or, sont du plus beau fini :
Un panache s'agite au cimier de son casque.
D'un dessin à la fois élégant et fantasque ;

Sa visière est levée et sur son corselet
Un rayon de soleil jette un brillant reflet.
Mais à ce tableau plein d'inventions heureuses
Je préfère pourtant ses petites baigneuses,
Vrai chef-d'œuvre de grace et de naïveté,
Création dont rien n'égale la beauté.
Après viendront en foule anciens peintres de Rome :
Perugin, Raphaël, homme au dessus de l'homme,
De Florence, de Parme et de Venise aussi,
Véronèse, Titien, Léonard de Vinci,
Michel Ange, Annibal Carrache, le Corrége
Et d'autres plus nombreux que les flocons de neige
Qui s'entassent l'hyver au front des Apennins :
D'autres auprès de qui nous sommes tous des nains,
Et dont la gloire immense en vieillissant doublée
Fait tomber les crayons de notre main troublée.
Puis je te décrirai ce tableau de Rembrandt
Qui me fait tant plaisir, et mon chat Childebrand
Sur mes genoux posé selon son habitude,
Levant vers moi la tête avec inquiétude,
Suivra les mouvemens de mon doigt, qui dans l'air
Esquisse mon récit pour le rendre plus clair ;
Et nous aurons encore mille choses à dire
Lorsque tout sera dit : Projets riants, délire
De jeunesse ; que sais-je, un souvenir d'hier,
Le présent, l'avenir, mes chants dont je suis fier

Comme des plus beaux chants, et ces vagues ébauches
De poèmes à faire, incomplètes et gauches,
Où les regards amis un instant arrêtés
Cherchent à pressentir de futures beautés,
Et ces légers dessins où je tâche de rendre
Ce que je ne saurois faire assez bien comprendre
Par mes vers ; mais alors, Eugène, il sera tard,
Et je ne pourrai plus reculer ton départ.

Le Jardin des Plantes.

L'homme propose et Dieu dispose.

Le Jardin des Plantes.

J'étais parti, voyant le ciel limpide et clair
Et les chemins séchés, afin de prendre l'air,
D'ouïr le vent qui pleure aux branches du melèze,
Et de mieux travailler : car on est plus à l'aise
Pour méditer le plan d'un drame projeté,
Refondre un vers pesant et sans grace jeté,
Ou d'une rime faible à sa sœur mal unie
Par un son plus exact réparer l'harmonie,
Sous les arbres touffus inclinés en arceaux,
Du labyrinthe vert, quand des milliers d'oiseaux
Chantent auprès de vous, et que la brise joue
Dans vos cheveux épars et baise votre joue,
Qu'on ne l'est dans sa chambre, un bureau devant soi,
S'étant fait d'y rester, une pénible loi,

Et, comme un ouvrier que son devoir attache,
De ne pas s'arrêter qu'on n'ait fini sa tâche,
Remis le tout au net, et bien dûment serré
L'œuvre dans un tiroir aux profanes sacré ;
Et je m'étais promis de rapporter la feuille
Où, du crayon aidé, mon doigt fixe et recueille
Mes pensers vagabonds, pleine jusques aux bords
De vers harmonieux, poétiques trésors,
Destinés à grossir un trop mince volume :
Vains projets ! notre esprit est pareil à la plume ;
Un souffle d'air l'emporte hors de son droit chemin,
Et nul ne peut prévoir ce qu'il fera demain.
Aussi moi, pauvre fou, séduit par l'étincelle
Qui, furtive jaillit d'une noire prunelle,
Par un souris qui livre aux yeux de blanches dents,
Oubliant prose et vers, de mes regards ardens
Je suis la jeune fille, et bientôt moins timide
J'égale à son pas leste et prompt mon pas rapide,
Je risque quelques mots et place sous mon bras
Quoiqu'on dise, méchant, et qu'on ne veuille pas
Une main potelée, et nous allons à l'ombre
Dans un lieu du jardin bien tranquille et bien sombre,
Faire mieux connaissance, et jouer et causer
Et sur le banc de pierre après nous reposer,
Et nous nous promettons de nous revoir dimanche,
Et je reviens avec ma feuille toute blanche.

Le Champ de Bataille.

En icelle valée oyait on grans sons de tabours,
trompes et naquerres.

Mandeville.

Or ilz sont mortz, Diex ayt leurs ames,
Quant est des cors, ils sont pourryz.

Le grand Testament de Villon.

De dars i ot grant lanceis
Et de pierres grant jeteis,
Et de lances grand bouteis
Et d'espées grant capleis.

Li romans du Brut.

Le Champ de Bataille.

Aux branches des tilleuls, aux sommets des tourelles,
Sans crainte revenez vous poser, tourterelles.

Le fracas des canons qui vomissent l'éclair,
Le rappel des tambours, le sifflement des balles,
Le son aigu du fifre et des grêles cymbales
Enfin ne troublent plus ni les échos ni l'air ;
La brise secouant son aile parfumée
A dissipé les flots de l'épaisse fumée,
Crêpe noir étendu sur le front pur des cieux ;
Comme aux jours de la paix tout est silencieux.

Aux branches des tilleuls, aux sommets des tourelles,
Sans crainte revenez vous poser, tourterelles.

La lourde artillerie et les fourgons pesans
Ne creusent plus la route en profondes ornières ;
On ne voit plus flotter les poudreuses bannières
Par dessus les fusils au soleil reluisans ;
Sous les pieds des soldats courant à la maraude,
Sainfoins à rouges fleurs, prés couleur d'émeraude,
Blés jaunes à flots d'or au gré des vents roulés,
Comme sous un fléau ne meurent plus foulés.

Aux branches des tilleuls, aux sommets des tourelles,
Sans crainte revenez vous poser, tourterelles.

Cavaliers, fantassins, l'un sur l'autre entassés,
De leurs membres, pétris dans le sang et la boue
Par le fer d'un cheval ou l'orbe d'une roue
Jonchent le sol parmi les affûts fracassés,
Et vers le champ de mort en immenses volées
Du creux des rocs, du haut des flèches dentelées
De l'est et de l'ouest, du nord et du midi
L'essaim des noirs corbeaux se dirige agrandi.

Aux branches des tilleuls, aux sommets des tourelles,
Sans crainte revenez vous poser, tourterelles.

Dans les bois, les vieux loups par trois fois ont hurlé,
Levant leur tête grise à l'odeur de la proie.

L'œil fauve des vautours a flamboyé de joie
A l'ombre étincelant comme un phare isolé,
Et poussant vers le ciel des clameurs funéraires,
A leurs petits béans sur le bord de leurs aires
Long-temps ils ont porté quelque sanglant lambeau
De ces corps lacérés et restés sans tombeau.

Aux branches des tilleuls, aux sommets des tourelles,
Sans crainte revenez vous poser, tourterelles.

Les os gisent rongés, blancs sous le gazon vert,
Et, spectacle hideux, souvent près d'un squelette
S'entr'ouvre le jasmin, fleurit la violette,
La mousse parasite entoure un crâne ouvert.
Eh bien! qu'il vienne ici celui pour qui le glaive
Est un hochet brillant et qui par lui s'élève;
Si d'horreur et d'effroi tout son cœur ne bondit,
Malheur à lui! malheur! car il n'est qu'un maudit.

Aux branches des tilleuls, aux sommets des tourelles,
Sans crainte revenez vous poser, tourterelles.

Imitation de Byron.

Imitation de Byron.

Il est doux de raser en gondole la vague
Des lagunes, le soir, au bord de l'horizon
Quand la lune élargit son disque pâle et vague,
Et que du marinier l'écho dit la chanson ;

Il est doux d'observer l'étoile qui rayonne,
Paillette d'or cousue au dais du firmament,
L'étoilé qu'une blanche auréole environne,
Et qui dans le ciel clair s'avance lentement ;

Il est doux sur la brume un instant colorée,
De voir, parmi la pluie, aux lueurs du soleil,
L'iris arrondissant son arche diaprée,
Présage heureux d'un jour plus pur et plus vermeil;

Il est doux, par les prés où l'abeille butine,
D'errer seul et pensif, et sous les saules verts
Nonchalamment couché près d'une onde argentine,
De lire tour à tour des romans et des vers ;

Il est doux, quand on suit une route inégale
Dans l'été, vers midi, chargé d'un loud fardeau
Et qu'on entend chanter près de soi la cigale,
De trouver un peu d'ombre avec un filet d'eau;

Il est doux, en hiver, lorsque la froide pluie
Bat la vitre, d'avoir auprès d'un feu flambant,
Un immense fauteuil gothique, où l'on appuie
Sa tête paresseuse en arrière tombant;

Il est doux de revoir avec ses tours minées
Par le temps, ses clochers et ses blanches maisons,
Ses toits rouges et bleus, ses hautes cheminées,
La ville où l'on passa ses premières saisons;

Il est doux pour le cœur de l'exilé malade,
Par le regret cuisant et la douleur usé,
D'entendre le refrain de la vieille ballade
Dont sa mère au berceau l'a jadis amusé:

Mais il est bien plus doux, éperdu, plein d'ivresse,
Sous un berceau de fleurs, d'entourer de ses bras,
Pour la première fois sa première maîtresse,
Jeune fille aux yeux bruns qui tremble et ne veut pas.

Ballade.

François Ier.

Ballade.

Madame, vous êtes belle
A faire rêver d'amour,
Pour une seule étincelle
De votre noire prunelle,
Le poëte tout un jour.

Air naïf de jeune fille,
Front uni, veines d'azur,
Douce haleine de vanille,
Bouche rosée où scintille
Un émail riant et pur ;

Pied svelte et léger, main blanche ,
Soyeuses boucles de jais,
Col de cygne qui se penche
Flexible comme la branche
Qu'au soir caresse un vent frais,

Vous avez, sur ma parole,
Tout ce qu'il faut pour charmer ;
Mais votre ame est si frivole,
Mais votre tête est si folle
Que l'on n'ose vous aimer.

Soleil couchant.

Notre-Dame,
Que c'est beau!

Victor Hugo.

Soleil couchant.

En passant sur le pont de la Tournelle, un soir,
Je me suis arrêté quelques instans pour voir
Le soleil se coucher derrière Notre-Dame.
Un nuage splendide à l'horizon de flamme
Tel qu'un oiseau géant qui va prendre l'essor
D'un bout du ciel à l'autre ouvrait ses ailes d'or,
— Et c'étaient des clartés à baisser la paupière,
Les tours au front orné de dentelles de pierre,
Le drapeau que le vent fouette, les minarets
Qui s'élèvent pareils aux sapins des forêts,
Les pignons tailladés que surmontent des anges
Aux corps raides et longs, aux figures étranges,
D'un fond clair ressortaient en noir : l'archevêché,
Comme aux pieds de sa mère un jeune enfant couché,
Se dessinait au pied de l'église dont l'ombre
S'allongeait à l'entour mystérieuse et sombre ;

--Plus loin, un rayon rouge allumait les carreaux
D'une maison du quai :—l'air était doux ; les eaux
Se plaignaient contre l'arche à doux bruit, et la vague
De la vieille cité berçait l'image vague ;
Et moi je regardais toujours, ne songeant pas
Que la nuit étoilée arrivait à grands pas.

Sonnet IV.

Oh, la paresseuse fille !

Sara la Baigneuse.

Sonnet IV.

Lorsque je vous dépeins cet amour sans mélange,
Cet amour à la fois ardent, grave et jaloux,
Que maintenant je porte au fond du cœur pour vous,
Et dont je me raillais jadis, ô mon jeune ange,

Rien de ce que je dis ne vous paraît étrange ;
Rien n'allume en vos yeux un éclair de courroux ;
Vous dirigez vers moi vos regards longs et doux,
Votre pâleur nacrée en incarnat se change :

Il est vrai. — Dans la mienne, en la forçant un peu,
Je puis emprisonner votre main blanche et frêle
Et baiser votre front si pur sous la dentelle.

Mais — ce n'est pas assez pour un amour de feu ;
Non, ce n'est pas assez de souffrir qu'on vous aime,
Ma belle paresseuse, il faut aimer vous-même.

Enfantillage.

Hanneton, vole, vole, vole.
Ballade des petites filles.

Enfantillage.

Lorsque la froide pluie enfin s'en est allée,
Et que le ciel gaîment rouvre son bel œil bleu,
Ennuyé d'être au gîte et de couver le feu,
Comme les moineaux francs, je reprends ma volée.

A Romainville — ou bien dans les Prés St.-Gervais,
Curieux de savoir si l'aupébine blanche
A déjà fait neiger son givre sur la branche,
Par l'herbe et la rosée, en pépiant, je vais,

Me faisant du bonheur avec la moindre chose :
—D'une goutte d'eau claire, où sous un rayon pur,
Se baigne un scarabée, au corselet d'azur,
D'une abeille, chantant dans le cœur d'une rose,

D'un pavot, au soleil dépliant son bouton :
— Mais plus que tout cela j'aime sous les charmilles,
Dans le parc Saint-Fargeau, voir les petites filles
Emplir leurs tabliers de pain de hanneton.

Nonchaloir.

Il vaut mieux être assis que levé, il vaut mieux
être couché qu'assis.—Il vaut mieux être mort que
couché.

Ferideddin Atar.

J'aime sur les coussins la vie horizontale.

Barthélemy.

Nonchaloir.

Pour oublier le reste, et m'oublier moi-même
(Ici-bas être heureux c'est oublier), que j'aime,
Loin du monde et du bruit, au fond de son boudoir,
Sur l'ottomane souple auprès d'elle m'asseoir !
— Cela me fait du bien et me repose l'ame.
Quel plaisir ! — Respirer cet arôme de femme,
Rester là sans penser et fainéantement
Accepter comme il vient le bonheur du moment !
— Laisser aller sa vie à la regarder vivre,
Dans tous ses mouvemens, l'œil demi-clos, la suivre,
Sentir à ses genoux, en nuages soyeux
Onder et folâtrer sa robe aux plis joyeux,
Effleurer son bras rond plus blanc qu'un col de cygne,
Sa main d'ivoire, aux doigts sveltes et rosés, digne
D'un portrait de Van-Dick ; puis sur le fin tapis
Agacer en jouant ses petits pieds tapis

A l'ombre du jupon, comme sous la feuillée
Deux passereaux mutins, à la mine éveillée.
Oh ! je l'aime d'amour ! — De blonds cheveux follets
Se dorent sur son col de magiques reflets ;
A travers ses longs cils, au bord de sa prunelle,
Dans la nacre chatoye une moite étincelle,
Et sa bouche mignarde, au parler enfantin,
Sourit, comme un pavot aux baisers du matin.

Déclaration.

Mais toujours fust mon opinion telle
Que toute amour doict estre mutuelle;
Qui son cœur donne, il en merite autant.

*Les loyalles et pudicques amours de Scalion
de Virbluneau, à madame de Boufflers.*

Déclaration.

Je vous aime, jeune fille, —
Aussi lorsque je vous vois
Dans mon œil un éclair brille,
Aussi tout mon sang pétille
Lorsque j'entends votre voix :

— Mais vous dans votre prunelle
Jamais de regard de feu,
Jamais de vive étincelle ;
Si vous m'aimez, ô ma belle,
Laissez moi le voir un peu.

Pourquoi cette retenue ?
Entre nous rien de caché.
— Enfant ! votre âme ingénue
Peut se montrer toute nue
Comme Ève avant le péché.

Car c'est un amour étrange
Que l'amour que j'ai pour vous ,
Doux comme au cœur la louange,
Ardent à toucher un ange,
Pur à rendre Dieu jaloux.

Glasglatcha : son de la pluie dans la pluie ,
en anglais, *splash.*

Dictionnaire arabe.

Pluie.

Ce nuage est bien noir : — sur le ciel il se roule,
Comme sur les galets de la côte une boule.
— L'ouragan l'éperonne, il s'avance à grands pas ;
— A le voir ainsi fait, on dirait, — n'est-ce pas ?
Un beau cheval arabe, à la crinière brune,
Qui court et fait voler les sables de la dune. —
Je crois qu'il va pleuvoir : — la bise ouvre ses flancs,
Et par la déchirure il sort des éclairs blancs.
Rentrons. — Au bord des toits la frêle girouette
D'une minute à l'autre en grinçant pirouette ;
Le martinet sentant l'orage, près du sol
Afin de l'éviter rabat son léger vol :
— Des arbres du jardin les cimes tremblent toutes.
La pluie ! — Oh ! voyez donc comme les larges gouttes

Glissent de feuille en feuille et passent à travers
La tonnelle fleurie et les frais arceaux verts ; —
Des marches du perron en longues cascatelles,
Voyez comme l'eau tombe, et de blanches dentelles
Brode les frontons gris. — Dans les chemins sablés
Les ruisseaux en torrents subitement gonflés
Avec leurs flots boueux mêlés de coquillages
Entraînent sans pitié les fleurs et les feuillages.
Tout est perdu : — jasmins aux pétales nacrés,
Véroniques d'azur, coquelicots pourprés,
Tulipes toutes d'or et blanches marguerites,
Pervenches et bluets, roses et clématites,
Douces filles de Mai. — Frais et riant trésor ! —
La mouche que l'orage arrête en son essor,
Le faucheux aux longs pieds et la fourmi se noient
Dans cet autre océan dont les vagues tournoient.
— Que faire de soi-même et du temps quand il pleut
Comme pour un nouveau déluge, et qu'on ne peut
Aller voir ses amis, et qu'il faut qu'on demeure ?
— Les uns prennent un livre en main, afin que l'heure
Hâte son pas boiteux, et dans l'éternité
Plonge sans peser trop sur leur oisiveté :
— Les autres gravement font de la politique,
Sur l'ouvrage du jour exercent leur critique ;
Ceux-ci causent entre eux de chiens et de chevaux,
De femmes à la mode et d'opéras nouveaux ;

—Ceux-là du coin de l'œil se mirent dans la glace,
Débitent des fadeurs, des bons mots à la glace,
Ou du binocle armés regardent un tableau;
—Moi, j'écoute le son de l'eau tombant dans l'eau.

Point de vue.

Des petits horizons. . . .

Sainte-Beuve.

Voici que je vis. —

Labrunie.

Point de vue.

Au premier plan,—un orme au tronc couvert de mousse,
Dans la brume hochant sa tête chauve et rousse ;
—Une mare d'eau sale où plongent les canards,
Assourdissant l'écho de leurs cris nazillards ;
—Quelques rares buissons, dont les feuilles sont blanches,
Comme un pauvre la main, tendant leurs maigres branches ;
—Une vieille maison, dont les murs mal fardés
Bâillent de toutes parts largement lézardés.
Au second,—des moulins dressant leurs longues ailes,
Et découpant en noir leurs linéaments frêles
Comme un fil d'araignée à l'horizon brumeux ;
Puis,—tout au fond Paris, Paris sombre et fumeux,
Où déjà, points brillants au front des maisons ternes
Luisent comme des yeux des milliers de lanternes ;

Paris avec ses toits déchiquetés, ses tours
Qui ressemblent de loin à des cous de vautours,
Et ses clochers aigus à flèche dentelée,
Au passage peignant la nue échevelée.

Je m'en vais promener tantôt parmy la plaine,
Tantôt en un village et tantôt en un bois,
Et tantôt par les lieux solitaires et cois.

Pierre Ronsard.

Le Retour.

J'ai quitté pour un an la campagne; — le chaume
Était jaune; — les champs n'avaient plus cet arôme
Que leur donnent en juin les fleurs et le foin vert ,
Et l'on sentait déjà comme un frisson d'hiver.
—La campagne, c'est bon l'été. —L'on se promène ,
On va tout en rêvant où le hasard vous mène.
—Le ciel est de cobalt ;—c'est un petit sentier
Au long d'un mur croulant;-il fait chaud; l'églantier,
L'aubépine sur vous entrelacent leurs branches
De neige et de corail, les marguerites blanches
Courbent leur disque d'or où tremble un diamant
Devant vos pieds verdis et mouillés.—Par moment,
Du milieu d'un buisson, d'un arbre ou d'une haie
Part un oiseau caché que votre pas effraie.

—Un papillon peureux, dans son fantasque vol,
Comme un écrin ailé rase en fuyant le sol.
—Une abeille, surprise humide de rosée,
Déserte en bourdonnant la fleur demi-brisée.
—Plus loin, c'est une source entre les coudriers
Qui roule babillarde, et sur les blonds graviers
Éparpille au hasard comme une chevelure,
Les résilles d'argent de son eau fraîche et pure.
—Des joncs croissent auprès que plie un leger vent;
Le blême nénuphar, tel qu'un rideau mouvant,
Ondule sur ses flots, où plonge la grenouille
Parmi les fruits noyés et les feuilles de rouille,
Et dans un tourbillon d'or, de gaze et d'azur,
De lumière inondée aux feux d'un soleil pur,
Danse la demoiselle avec sa longue queue,
De ses ailes de crêpe égratignant l'eau bleue.
—A chaque pas qu'on fait la scène change, ainsi
Que dans un mélodrame à grand spectacle ; —ici,
Au fond d'un parc, au bout d'une longue avenue,
Un château découpant son profil sur la nue : —
Là de rouges sainfoins et de jaunes moissons,
Et l'étang qui s'écaille au saut de ses poissons.
—A gauche une colline à la robe zébrée
De tons riches et chauds par le couchant marbrée.—
A droite, au fond des bois, entre de noirs rochers,
Des hameaux inconnus trahis par leurs clochers.

—Et puis, transition de la terre au nuage,
Un anneau de lapis fermant le paysage.
—Un vrai panorama vivant et bigarré,
Par un pinceau divin ardemment coloré,
Comme n'en fit jamais jaillir de sa palette
Miroir où l'arc-en-ciel rayonne et se reflète
Le grand Claude Lorrain, ni Breughel de Velours.
—Mais comme l'on ne peut se promener toujours,
On s'asseoit sur un tertre ; on dessine une vue,
On fait des vers, on lit, ou l'on passe en revue
Ses jeunes souvenirs et ses rêves d'amour,
Si long-temps caressés et perdus sans retour :
On rebâtit sa vie au néant écroulée,
On voit ce qu'elle était, ou joyeuse ou troublée,
On examine à fond ses plaisirs, ses douleurs,
Et souvent la balance est du côté des pleurs.
—Comme en un palimpseste, à travers d'autres signes
D'un ancien manuscrit ressuscitent les lignes,
Le roman de l'enfance à travers le présent
Reparait tout entier,—calme, pur, innocent,
—Idylle de Gessner, conte de Berquin,—rose
Et suave peinture où soi-même l'on pose :
L'on compare son moi du jour au moi passé,
Et pour quelques instants le monde est effacé.
—Rien de mieux;—mais l'hiver, en janvier, quand la neige
S'entasse aux toits blanchis, quand la raffale assiége

Votre vitre qui tremble et qui frissonne,—à quoi,
Mon Dieu, passer le temps?—Il faut se tenir coi,
Se bien claquemurer, et, les talons dans l'âtre,
Parler chasse et gibier à quelque gentillâtre;
Faire un cent de piquet avec monsieur l'abbé,
Lire un ancien Mercure, ou—galant Sigisbé,
Pour passer au salon prendre par sa main sèche
Une mistress Gryselde ennuyeuse et revêche,
Vrai portrait de famille à son cadre échappé,
Écu dans d'autres temps d'un autre coin frappé;
Courtiser à l'écart une petite niaise
Sortant de pension—toute rouge et tout aise,
Qui prend feu dès l'abord au moindre aveu banal,
Et s'imagine avoir trouvé son idéal,
Écouter un dandy, Brummel de la province,
Beau papillon manqué qui pour être plus mince
Barde ses flancs épais d'un corset et d'un busc,
Et comme un vieux blaireau pue à vingt pas le musc,
Et le maire du lieu, docte et rare cervelle,
D'un air mystérieux colportant sa nouvelle:
— Autant et plus, ma foi, vaudrait être pendu
Que rester enfoui dans ce pays perdu.

Pan de mur.

La mousse des vieux jours qui brunit sa surface.
Et d'hiver en hiver incrustée à ses flancs,
Donne en lettre vivante une date à ses ans.

Harmonies.

... Qu'il vienne à ma croisée.

Petrus Borel.

Pan de mur.

De la maison momie enterrée au Marais
Où du monde cloîtré, jadis je demeurais,
L'on a pour perspective une muraille sombre
Où des pignons voisins tombe, à grands angles, l'ombre
— A ses flancs dégradés par la pluie et le temps
Le frêle bouton d'or fleurit chaque printemps,
Et sur ses pieds moisis comme un tapis verdâtre
La mousse se déploie et fait gercer le plâtre.
— Une treille lascive avec ses bras grimpans
Jusqu'au premier étage en festonne les pans ;
Le bleu volubilis dans les fentes s'accroche,
La capucine rouge épanouit sa cloche,
Et mariant en l'air leurs tranchantes couleurs
A sa fenêtre font comme un cadre de fleurs :

Car elle n'en a qu'une, et sans cesse vous lorgne
De son regard unique ainsi que fait un borgne,
Allumant aux brasiers du soir, comme autant d'yeux
Dans leurs mailles de plomb ses carreaux chassieux.
— Une caisse d'œillets, un pot de giroflée
Qui laisse choir au vent sa feuille étiolée,
Que le soleil jamais n'a doré d'un regard,
Une cage d'osier où saute un geai criard,
C'est un tableau tout fait qui vaut qu'on l'étudie ;
Mais il faut pour le rendre une touche hardie,
Une palette riche où luise plus d'un ton,
Celle de Boulanger ou bien de Bonnington.

Colère.

Amende toi, vieille au regard hideux,
Ou pour ung mot villain en auras deux.
Epistre à la première vieille.

A Montfaucon tout sec puisse-tu pendre,
Les yeux mangéz de corbeaux charongneux,
Les pieds tiréz de ces mastins hargneux
Qui vont grondant, hérissés de furie,
Quand on approche auprès de leur voirie.
Pierre Ronsard.

Colère.

Hypocrisie et vice, — oui c'est bien là le monde :
    Belles maximes et grands airs
Jetés comme un manteau sur le cloaque immonde
    D'un cœur tout gangrené de vers.
Oui, — la religion dont le péché se couvre
    Pour japper après la vertu.
Oui, — le simple dont l'âme à tous les regards s'ouvre,
    Aux pieds du méchant abattu ;
La vierge pure en proie aux noires calomnies
    De courtisanes de bas lieu
Qui, vieilles et sans dents et les lèvres jaunies,
    Osent mentir si près de Dieu.
— Sorcières de Macbeth, dignes d'être huées,
    Serpens armés d'un triple dard,
Ulcères ambulans, viles prostituées,
    Tombeaux badigeonnés de fard,

Oh! comme il leur va bien, elles dont trente places,
    Elles dont trente carrefours
Avec des charretiers, crapuleux Lovelaces,
    Ont vu les publiques amours ;
Elles dont la jeunesse en débauches passée
    Couperose et jaspe le teint,
Et qui sous une peau détendue et plissée
    Couvent un brasier mal éteint,
D'user tartufement leurs genoux sur les dalles,
    Leurs pouces sur un chapelet,
Et prenant pour voiler leurs antiques scandales
    La soutane d'un prestolet,
De venir sans pudeur noircir une que j'aime
    Comme l'on n'a jamais aimé,
D'un amour pur et saint, et qui de Dieu lui-même
    Certes ne peut être blâmé.

Sonnet V.

C'est mon plaisir; chacun querre le sien.
P. L. Jacob, bibliophile.

Heureusement que pour nous consoler de tout
cela , il nous reste l'adultère, le tabac de Maryland ,
et le papel español por cigaritos.

Petrus Borel le lycanthrope.

Où trouver le bonheur?
Méry et Barthélemy.

Sonnet V.

Qu'est-ce que ce bonheur dont on parle?—L'avare
Au fond d'un coffre-fort empile des ducats,
Des piastres, des doublons, et plus d'or qu'aux Incas
Jadis avec leur sang n'en fit suer Pizarre.

Il ne voit rien de plus : —le far-niente, un cigare,
Voilà pour l'indolent.—Le songeur ne fait cas
Que d'un coin retiré du monde et du fracas,
Où l'on puisse à loisir suivre un rêve bizarre.

L'ambitieux le met dans un *titre à la cour*,
Le vieux dans le comfort, le *jeune dans l'amour*;
—Les uns à pérorer, les autres à se taire.

Mais, étant exclusifs, ces gens-là jugent mal :
Car le bonheur est fait de trois choses sur *terre*,
Qui sont :—Un beau soleil, une femme, un cheval.

20.

Justification.

Marion Delorme.

Justification.

Celui que chaque soir votre parole élève,
    Qui pense avec vous de moitié ;
Celui dont vous savez le plus intime rêve
    Et qui vit de votre amitié ;
Celui que vous avez laissé voir dans votre âme,
    Et s'approcher de votre cœur,
Afin de lui montrer ce que Dieu dans la femme
    A mis d'amour et de bonheur,
Quand il n'y croyait plus et n'avait d'autre envie,
    Las de traîner depuis vingt ans
Son boulet de forçat au bagne de la vie
    Que de n'y pas finir son temps ;
— Celui-là ne sera jamais, il vous le jure
    Sur ce cœur que vous avez fait,
Un de ces hommes vils, dont la pensée impure
    Aux choses basses se complaît. —

L'âme que vous avez mariée à la vôtre
    Pourrait jusque-là s'oublier!....
—Dans le cloaque infect où le canard se vautre
    Voit-on s'abattre l'aigle altier?
Non,—l'aigle vit tout seul sur la plus haute cime,
    —Le tonnerre rugit en bas,
L'avalanche s'écrase et roule dans l'abime;
    Le torrent hurle :— il n'entend pas,
Immobile, de l'ongle étreignant quelque pierre,
    Quelque bras de pin foudroyé,
Il attache au soleil son grand œil sans paupière
    D'ineffables lueurs noyé.

risson.

Chauffons-nous, chauffons-nous bien.

Béranger.

Je déteste le monde et je vis dans mon cœur.

Ulric Guttinguer.

Frisson.

Un brouillard épais noie
L'horizon où tournoie
Un nuage blafard,
Et le soleil s'efface
Pâle comme la face
D'une vieille sans fard.

La haute cheminée
Sombre et chaperonnée
D'un tourbillon fumeux,
Comme un mât de navire
De sa pointe déchire
Le bord du ciel brumeux.

Sur un ton monotone
La bise hurle et tonne
Dans le corridor noir :
C'est l'hiver, c'est décembre,
Il faut garder la chambre
Du matin jusqu'au soir.

Les fleurs de la gelée
Sur la vitre étoilée,
Courent en rameaux blancs,
Et mon chat qui grelotte
Se ramasse en pelote
Près des tisons croulans.

Moi tout transi je souffle
A griller ma pantoufle,
A rougir mes chenets,
Mon feu qui se déploie
Et sur la plaque ondoie
En bleuâtres filets.

Adieu les promenades
Sous les fraîches arcades
Des verdoyants tilleuls;
A travers les prairies,

Les bruyères fleuries
Et les pâles glaïeuls,

Parmi les plaines blondes
Où le vent roule en ondes
Le seigle déjà mûr,
Par les hautes futaies
Au long des jeunes haies
Et des ruisseaux d'azur :

Adieu les églantines
Et, moissons enfantines,
Les bleuets dans les blés,
Les vertes sauterelles
Et les pissenlits frêles
Sans cesse échevelés ;

Adieu dans l'herbe haute
La grenouille qui saute,
Et sous le frais buisson
Le lézard qui regarde
La cigale criarde
Qui sonne sa chanson ;

Adieu les demoiselles,
Aux diaphanes ailes

Aux minces corsets d'or,
Le papillon qui brille
Et que la jeune fille
Poursuit comme un trésor ;

Le soir dans la nacelle
Qui penche et qui chancelle
Au moindre souffle d'air,
Les courses d'une lieue
Sur l'immensité bleue
Du lac profond et clair.

Et puis les danses molles
Et les caresses folles
Sur les prés de velours,
Lorsque la blanche lune
Au sein de la nuit brune
Jette ses demi-jours.

De long-temps l'hirondelle
Ne viendra, de son aile
Effleurant mes carreaux,
Battre la capucine
Qui fraiche se dessine
Autour de mes barreaux.

—Pour horizon la rue
Où la foule se rue
Avec ses mille cris,
Pour soleil des lanternes,
Qui de leurs reflets ternes
Baignent les pavés gris.

Pour musique la bise
Qui se plaint et se brise
Dans les arbres mouillés,
Les rauques girouettes
Qui font des pirouettes
Sur leurs axes rouillés.

Comment sortir ? les roues
S'enfoncent dans les boues
Presque jusqu'à l'essieu,
Du brouillard, de la pluie !
L'ame souffre et s'ennuie,
Quoi donc faire, mon Dieu !

Nous aimer, ma charmante ;
Jette là cette mante
Qui me cache ton cou,
Ta belle épaule blanche,

Ton corsage, ta hanche,
Ton sein dont je suis fou.

Sur mes genoux prends place,
Livre tes mains de glace
A mes baisers de feu,
Et laisse voir ta jambe
A la braise qui flambe,
Qui flambe rouge et bleu.

Vois donc le gaz qui danse
Et s'agite en cadence
Aux fantasques chansons
Que fredonne la sève
Dans la bûche qui crève
Et retombe en tisons.

Mon bijou, mon idole,
Comme le temps s'envole
Lorsque l'on est ainsi!
La voix haute et profonde
Qu'au loin jette le monde
Ne parvient pas ici.

Nos deux âmes jumelles
Ensemble ouvrant les ailes

Planent dans l'infini
Comme deux alouettes
Ou comme deux fauvettes
Oublieuses du nid.

Sonnet VI.

Merci à toi, à toi merci.

Térésa.

Sonnet VI.

Avant cet heureux jour, j'étais sombre et farouche,
—Mon sourcil se tordait sur mon front soucieux,
Ainsi qu'une vipère en fureur, et mes yeux
Dardaient entre mes cils un regard faux et louche.

Un sourire infernal crispait ma pâle bouche.
A cet âge candide où tout est pour le mieux,
Je méprisais le monde et reniais les cieux,
Disant tout haut :—Où donc est-il, que je le touche !

Et mon ange gardien à son front blanc et pur
Ramenait en pleurant ses deux ailes d'azur
Et n'osait au Seigneur porter de tels blasphèmes ;

Aux saints épanchements mon cœur était fermé :
—Car je ne savais pas alors combien tu m'aimes,
Et comment croire en Dieu quand on n'est pas aimé !

Élégie IV.

Ronsard.

Aimée, aimée, hélas! que j'ai grand' peur
Qu'un autre amour par cet amour pipeur
N'aille gravant pendant ta longue absence
Quelqu'autre amant dedans ta souvenance!

Ponthus de Thyard, Erreurs amoureuses.

Élégie IV.

Ma charmante, depuis ta visite imprévue
Deux mois se sont passés que je ne t'ai pas vue.
Deux mois entiers ! - Sais-tu que c'est bien long, deux mois,
Assez pour m'oublier ? — J'y songe quelquefois :
Pauvre fou que je suis d'avoir placé mon âme
Dans la tienne, et risqué sur ton amour de femme
Ma vie intérieure et mon contentement !
— Et je dis à part moi : — Peut-être en ce moment,
Pendant que je suis là, triste, m'occupant d'elle,
Et lui faisant ces vers, d'un sourire infidèle
Accueille-t-elle un autre, et tendant cette main
Qu'on ne livrait qu'à moi, lui dit-elle : — A demain.

J'ai beau me répéter que c'est une chimère,
— Cette pensée est là, sans cesse plus amère,
Empoisonnant ma joie, et malgré mes efforts,
M'accompagnant partout comme l'ombre le corps ;
— Car c'est ainsi que vont en ce monde les choses ;
— Il se fait en un jour bien des métamorphoses ;
L'idole du matin n'est pas celle du soir,
Et toute jeune fille est comme son miroir
Qui reçoit chaque image et n'en conserve aucune.
— Puis un amour âgé de trois ans importune ;
— C'est presque un mariage : — un jour avec l'ennui
Vient la réflexion ; — L'amour s'en va. — Celui
Qui jadis à vos yeux était plus que vous-même,
Celui qui le premier vous avait dit : — Je t'aime, —
N'est plus pour vous qu'un nom dont le vain souvenir
Contre un amour nouveau ne peut long-temps tenir ;
Ce nom qui résonnait naguère à votre oreille
Aussi doux que la voix du rossignol, n'éveille
Au fond de votre cœur, de sa faute confus,
Qu'un sentiment cruel du bonheur qu'il n'a plus :
Et comme pour deux noms l'âme n'a pas de place,
L'ancien est rejeté. — Lettre à lettre il s'efface
Ainsi que le cy-gît d'un tombeau sous les pas
De la foule qui chante et ne l'aperçoit pas.
— Le cœur qui n'aime plus a si peu de mémoire !
— On rougit de l'amour dont on se faisait gloire ;

Le temps coule, et bientôt on arrive à ce point
De dire en le voyant : Je ne le connais point.
Qu'y faire ? — Ramener son manteau sur sa plaie,
Et sous un rire faux cacher sa douleur vraie,
Dévorer par orgueil les larmes de ses yeux,
Et déchu du bonheur, déshérité des cieux,
Incapable à jamais d'un élan grandiose,
De toute sa hauteur descendre dans la prose,
Comme l'aigle blessé qui, sanglant, sur le sol
Tombe, ne fermant pas la courbe de son vol. —
Me défiant de moi, malade de l'absence,
Ne vivant qu'à demi, voilà ce que je pense :
Si tu ne m'aimais plus, oh ! ce serait ma mort ;
—Mais tu m'aimes toujours, n'est-ce pas, et j'ai tort ?
Au lieu de tout cela, sans doute, jeune fille,
Rêveuse ; de tes doigts laissant fuir ton aiguille,
Vers le chemin désert tu tournes tes grands yeux ,
Et portant ta main blanche à ton front soucieux,
Tu te dis en toi-même :—Il ne vient pas ,—tu pleures ;
Pleurer fait tant de bien !—et pour tromper tes heures,
Tu relis tous ces vers où je me racontais
Jusqu'au moindre détail, sans fard, — tel que j'étais,
Tel que je ne suis plus et que je voudrais être ;
Car je serais heureux : mais l'homme n'est pas maître
De faire revenir ces fraîches passions
De l'enfance du cœur, et ces illusions

Si pénibles à perdre, et si vite perdues.
— L'ange du souvenir, les ailes étendues,
Remontant le passé, voltige autour de toi ;
Il te souffle à l'oreille une phrase de moi,
Un soupir, un serment, quelque mot tendre, et pose
Sur ta lèvre pâlie avec sa lèvre rose,
Mes baisers d'autrefois, mes longs baisers d'amant
Pour te les redonner, gardés fidèlement.

Sonnet VII.

Liberté de juillet ! femme au buste divin,
Et dont le corps finit en queue !

Gérard.

E la lor cieca vita è tanto bassa
ch' invidiosi son d' ogn' altra sorte.

Inferno, canto III.

Sonnet VII.

Avec ce siècle infâme il est tems que l'on rompe ;
Car à son front damné le doigt fatal a mis
Comme aux portes d'enfer : Plus d'espérance ! —Amis,
Ennemis, peuples, rois, tout nous joue et nous trompe

Un budget éléphant boit notre or par sa trompe.
Dans leurs trônes d'hier encor mal affermis,
De leurs aînés déchus ils gardent tout, — hormis
La main prompte à s'ouvrir, et la royale pompe.

Cependant en juillet, sous le ciel indigo,
Sur les pavés mouvans ils ont fait des promesses
Autant que Charles dix avait ouï de messes ! —

Seule, la poésie incarnée en Hugo
Ne nous a pas déçus, et de palmes divines
Vers l'avenir tournée, ombrage nos ruines.

aris.

Das drangt und streng, das ruscht und klappert !
Das zischt und quirlt, das zieht und plappert !
Das leuchtet, sprüht, und stinkt und brennt !

Goëthe : Faust.

Dans la simplicité de mon cœur enfantin
L'œil fixé sur les cieux, j'enviais le destin
De l'oiseau voyageur, du nuage qui passe
Et fait tant de chemin, et dans ce large espace
Voit les mondes sous lui glisser rapidement,
Ainsi qu'un météore aux champs du firmament.

Eugène de ***.

Hé, Dieu ! que de maisons ! que de beaux bâtiments !

Estienne de Knobelsdorff.

Salle de réception du diable.

Don Juan, ch. x, st. 81.

Paris.

Quand il voit le soleil déchirant le nuage,
De splendides rayons illuminer sa cage,
Et comme un lion d'or secouer dans le bleu
Qui se fait à l'entour, sa crinière de feu,
L'aigle prisonnier bat avec son aile forte
Les lourds barreaux de fer tant qu'il se tue ou sorte.
—Mon ame est faite ainsi : dans mon corps en prison,
Elle cherche à son vol un plus large horizon ;
—Quand sur elle d'en haut la sainte poésie
Abaisse son regard, de grands désirs saisie,
Elle voudrait surgir jusqu'au clair firmament
Afin d'y respirer largement, librement
Entre la terre et Dieu, bien par-delà les nues
Et les plaines d'azur, régions inconnues,
L'air limpide, l'air vierge, où jamais souffle humain
Ne passe, où l'ange seul retrouve son chemin ;

—Car elle manque d'air, mon âme, dans ce monde
Où la presse en tous sens de son étreinte immonde
Une société qui retombe au chaos,
Du rouge sur la joue et la gangrène aux os !
— Il lui faudrait des monts, diadèmés de neige,
De grands rochers à pic, trônes géants où siége,
Ayant pour marchepied le vertige et l'effroi,
La majesté muette et sombre du grand Roi.
— Il lui faudrait la voix du tonnerre qui roule
Ses mugissemens sourds comme des bruits de foule;
Le torrent qui bondit entre les rocs qu'il fond,
Se tord comme un damné dans l'abime sans fond,
Jette ses forts abois qu'on entend d'une lieue,
Et tout échevelé, semble la pâle queue
Du cheval de la mort au livre de saint Jean :
— Il lui faudrait au soir la lune voyageant,
Non sur l'angle des toits, mais sur les cimes grêles
Des sapins éployant leurs bras comme des ailes,
Les arêtes des pics et les tours du manoir
De leurs fronts ardoisés découpant le ciel noir.
— Elle n'a pas cela, mon âme, — non pas même
L'humble petit coteau, la campagne qu'elle aime,
Le vallon frais et creux, les sveltes peupliers
Dont la bise de nuit berce les fronts pliés,
La chaumière moussue entre les arbres chauves,
Le chardon aux stylets acérés, et les mauves;

— Le tic-tac discordant du moulin, — les forêts
Qui prennent la lumière et le chaud dans les rets
De leurs rameaux touffus croisés comme des mailles,
La mûre du buisson, les glaïeuls, les broussailles
Qui traînent leurs cheveux mal peignés sur le sol,
Le pâle saule, ouvrant ses bras en parasol,
La moisson qui blondoie, et la bergeronnette
Qui caresse en passant la frêle paquerette,
Non pas même cela : — mais la ville aux cent bruits
Où de brouillards noyés les jours semblent des nuits ;
Où parmi les toits bleus s'enchevêtre et se cogne
Un soleil terne et mort comme l'œil d'un ivrogne,
— Des tuyaux hérissant le faîte des maisons
Que bat la pluie à flots dans toutes les saisons,
Une fumée ardente et de couleur de rouille
Traînant ses longs anneaux sur le ciel qu'elle souille,
Les murs repeints à neuf, ou noircis par le temps,
Jaunes, rouges et verts, semblables aux tartans
Des montagnards d'Écosse, et — les vieilles églises
Au sein de la vapeur dressant leurs flèches grises,
Et leurs longs arcs-boutans, inclinés de façon
Qu'on croirait à les voir des côtes de poisson ;
— Puis le peuple grouillant, qui se heurte et se rue,
Fashionables musqués, — gueux à mine incongrue,
Grisettes au pied leste, au sourire agaçant,
Beaux tilburis dorés comme l'éclair passant,

Charrettes, tombereaux, ouvrant avec leurs roues,
Comme des nefs dans l'onde un sillon dans les boues,
— De l'or et de la fange. — Incroyable chaos,
Babel des nations, — mer qui bout sans repos,
Chaudière de damnés, cuve immense où fermente,
Vendange de la mort, une foule écumante,
—Haillons troués à jour comme un crible, où le vent
Glisse apportant la fièvre et le trépas souvent ;
— Parures de catins raides de pierreries,
Des yeux cernés et bleus, des figures flétries, —
Du pain dur que l'on mange à la sueur du front,
Oisifs de leurs deux mains frappant leur ventre rond ;
— Perpétuel contraste, éternelle antithèse, —
Paris, la bonne ville, ou plutôt la mauvaise,
Longs grincemens de dents et beaux concerts. Voilà !
— Cependant moi, poëte et peintre, je vis là.

Un vers de Wordsworth.

Spires whose silent finger points to heaven.

Un vers de Wordsworth.

Je n'ai jamais rien lu de Wordsworth, le poëte
Dont parle lord Byron d'un ton si plein de fiel,
Qu'un seul vers; — le voici, car je l'ai dans la tête :
—Clochers silencieux montrant du doigt le ciel.—

Il servait d'épigraphe, et c'était bien étrange
Au chapitre premier d'un roman — Louisa, —
Les douleurs d'une fille, — œuvre toute de fange
Qu'un pseudonyme auteur dans l'Ane mort puisa.

Ce vers frais et pieux perdu dans ce volume
De lubriques amours, me fit du bien à voir :
-C'était comme une fleur des champs—comme une plume
De colombe, tombée au cœur d'un bourbier noir.

— Aussi depuis ce temps, lorsque la rime boite,
Que Prospéro n'est pas obéi d'Ariel;
Aux marges du papier, je jette, à gauche, à droite,
Des dessins de clochers montrant du doigt le ciel.

Débauche.

Buvons du grog et cassons-nous les reins.
Chanson des marins.

Tu as Dieu dans la bouche et dans le cœur Satan.
Dubartas.

Débauche.

Je hais plus que la mort cette débauche prude
    Qui n'ose sortir que de nuit,
Et retourne la tête avec inquiétude
    Tout empourprée au moindre bruit,
Et joue à la vertu comme une honnête femme,
    N'ayant pas la force qu'il faut
Pour être hardiment et largement infâme,
    Pour porter sa honte front haut;
—Aussi le cœur me lève, à ces sobres orgies
    Faites dans un salon étroit,
Aux discrètes lueurs de quatre à cinq bougies
    Et dont chacun retourne droit! —
A ce vice bourgeois, mesquin, suant la prose,
    Comme le font les boutiquiers,
Gens qui savent ôter le galbe à toute chose;
    Les dandys, avec les banquiers; —
Ce vice homme rangé qui ne l'est qu'à ses heures,
    Qui sort calme d'un mauvais lieu,

Comme l'on sortirait des plus chastes demeures
Ou de quelque église de Dieu ;
La cravate nouée et les cheveux en ordre,
Le frac boutonné jusqu'au cou,
Pas le plus petit pli sur quoi l'on puisse mordre,
Rien de débraillé, rien de fou,
Rien de hardi, de chaud, de bon viveur, qui fasse
Au reproche mollir la voix
Et dire au père : — il faut que jeunesse se passe,
Comme l'on disait autrefois.
—J'aime trente fois mieux une débauche franche,
Une véritable ~~catin~~,
Le coude sur la nappe et la main sur la hanche,
Criant, buvant jusqu'au matin,
Qui laisse, sans corset, aller sa gorge folle,
Rose encor des baisers du soir,
Qui tord lascivement sa taille souple et molle,
Sur tous les genoux va s'asseoir,
Et bleuissant sa joue au punch qui siffle, et flambe
Au fond du cratère vermeil,
Rit de se voir ainsi, danse et montre sa jambe,
Et ne veut pas qu'on ait sommeil :
— C'est une poésie au moins, — une palette
Où brillent mille tons divers,
Un type net et franc, une chose complète, —
De la couleur ! des chants ! des vers !

Le Bengali,

A UNE JEUNE FILLE CRÉOLE.

> Les bengalis dont le ramage est si doux.
>
> *Bernardin de Saint-Pierre.*

La France et ses printemps, ses hivers inconnus
Où la bise gémit, où les arbres sont nus,
Où l'on voit voltiger ces blancs flocons de neige
Que je désirais voir, et la glace, — que sais-je ?

Mlle L. A.

Le Bengali.

Oiseau dépaysé, qui t'amène vers nous ?
—Notre soleil est froid, notre ciel en courroux :
    —Nos bois, sont chauves;—à nos haies,
A nos buissons armés de dards aigus, au lieu
Des beaux fruits blonds mûris à vos midis de feu,
    Pendent à peine quelques baies.

Comme nos passereaux hardis, pauvre étranger,
Bengali du désert, sauras-tu voltiger
    Dans nos forêts de cheminées ?
Parmi les tuyaux noirs qui fument, sauras-tu
Accrocher ton nid frêle à quelque toit pointu,
    Entre deux pierres ruinées ?

Entends-tu, bel oiseau, le rauque sifflement
De la bise de nord qui râle incesssamment
    Et fait chanter la girouette,
Le bruit confus des chars, des cloches, le frisson
De la pluie aux carreaux qui pleurent, et le son
    Des tuiles que la grêle fouette?

Ouvre ton aile et pars—retourne-t'en là-bas
Au bois des goyaviers reprendre tes ébats
    Dans la savane aux grandes herbes,
Avec les colibris va becqueter les fleurs
Boire à leurs coupes d'or, te baigner dans leurs pleurs,
    Bâtir ton hamac sous leurs gerbes!

Le Cavalier poursuivi.

Moi, poëte, je vais du couchant à l'aurore.

Jules de Saint-Félix.

Und hurré ! hurré ! hop hop hop !

Burger.

Le Cavalier poursuivi.

—C'est un fort beau cheval,—une large poitrine,
Des jambes de gazelle, et dans chaque narine
      Une fauve lueur,
La queue échevelée, une crinière folle
Qui se déroule au vent comme une banderolle
      Sur le col en sueur!

Des yeux fiers, pleins de vie, ardens comme la braise,
Qu'on prendrait pour deux trous au mur d'une fournaise
      Ou pour deux diamans,
Des yeux illuminés d'une lumière rouge
Comme un soleil dans l'eau, qui frissonne et qui bouge
      A tous les mouvemens;

Une croupe arrondie où des glands dorés pendent,
Et de souples jarrets dont les muscles se tendent
        Comme des arcs d'acier!
Un ongle plus poli que le jaspe ou l'écaille!
—Quel roi dans son haras eut jamais qui te vaille,
        O mon noble coursier!

Tu danses sur les blés comme une sauterelle,
A chacun de tes pieds est attachée une aile,
        Ton galop c'est un vol, —
Et quand à bonds pressés tu dévores la plaine
L'oiseau reste en arrière, et l'ombre peut à peine
        Te suivre sur le sol.

—La bride sur le col, —va, marche, —à toi l'espace,
Va, lutte de vitesse avec le vent qui passe
        Comme avec un rival;
Va sans crainte;-le monde est grand, la terre est large,
Le vent est déjà loin, —trop de vapeur le charge;
        Hurrah! mon bon cheval!

Hurrah! des rocs aigus aux tranchantes arêtes,
Fais jaillir en sautant des gerbes de paillettes
        Avec ton dur sabot; —
Brise cet horizon qui n'a pas une lieue

Et voudrait t'enfermer dans sa muraille bleue
      Comme on fait un pied-bot.

—Chemins rompus,—halliers, buissons, ronces, broussailles
Hérissant leurs stylets, entortillant leurs mailles,
      —Grands fossés à franchir;—
Ravins marécageux, où le feu follet flambe, —
Fondrières, rochers, — rien n'entrave ta jambe
      Qui ne sait pas fléchir.

—Oh! comme les maisons, comme les arbres filent!
Oh! comme étrangement sur le ciel ils profilent
      Leur contour incertain!
Essor prodigieux! — le sol que ton pied foule
Se retire sous toi comme un ruban qu'on roule
      Et tout se fait lointain.

—Vois là-bas, tout là-bas cette flèche d'église
Qui pour te regarder lève sa tête grise
      Par-dessus l'horizon,
Te montre au doigt, te nargue et comme des reproches,
A ton oreille fait tinter ses quatre cloches
      Et galoper le son.

Hop! Hop! mon andalous, mon noir-plus vite encore!
Une course pareille à celle de Lénore.

— Je suis content, c'est bien. —
Le clocher tout confus derrière un mont se cache,
L'oiseau qui te suivait à peine au ciel fait tache,
Et je n'entends plus rien. —

-Mais quoi donc, tu faiblis.-Çà, veux-tu que je teigne
Mes éperons en pourpre à ton flanc brun qui saigne?
— Allons, courage, allons!
Car nous sommes suivis, mon brave, d'un Vampire;
— Je sens tiède à mon dos le souffle qu'il aspire;
Il est sur nos talons.—

Que derrière tes pas cette porte se ferme
Et nous sommes sauvés.-Nous touchons presqu'au terme.
Saute, vole, bondis!
—Le monstre ne peut rien sur moi dans cette chambre
Dont émane un parfum de fleurs, de femme et d'ambre
Comme d'un paradis!

N'as-tu pas vu son œil luire à la jalousie?
Tout mon bonheur est là, toute ma poésie,
Mes souvenirs, ma foi,
Tout, avec mon amour;—c'est ma pâle créole,
Le soleil de mon cœur, mon âme, mon idole,
Ma Béatrix à moi. —

Ç'en est fait — le voilà, mes prières sont vaines, —
Il m'éteint les regards et m'entrouvre les veines
De ses ongles de fer ;
Courbe mon dos et met sur ma tête pendante
Une chape de plomb comme aux damnés du Dante
Dans le neuvième enfer.

Tu cours bien, mon cheval, et ta croupe est fidèle,
Tu dépasses le vent, le son et l'hirondelle ;
Mais il court bien mieux, lui,
Et pourtant ce coureur, ce n'est pas un Arabe,
Un Anglais de pur sang, — ce n'est qu'un vilain crabe
Aux pieds boiteux, — l'ennui.

ALBERTUS,

OU

L'AME ET LE PÉCHÉ,

LÉGENDE THÉOLOGIQUE.

You shall see anon, 'tis a knavith
Piece of work.

Hamlet, III, 7.

Albertus.

1.

Sur le bord d'un canal profond dont les eaux vertes
Dorment de grêles joncs et de bateaux couvertes,
Avec ses toits aigus, ses immenses greniers,
Ses tours au front d'ardoise où nichent les cigognes,
Ses cabarets bruyants qui regorgent d'ivrognes,
Est un vieux bourg flamand tel que les peint Teniers.
—Vous reconnaissez-vous?—Tenez, voilà le saule
De ses cheveux blafards inondant son épaule
Comme une fille au bain,—L'église et son clocher,—
L'étang où des canards se pavane l'escadre;
— Il ne manque au tableau que le vernis, le cadre
    Avec le clou pour l'accrocher.—

2.

Comfort et far-niente ! — toute une poésie
De calme et de bien être, à donner fantaisie
De s'en aller là-bas être flamand ; — d'avoir
La pipe culottée et la cruche à fleurs peintes,
Le vidrecome large à tenir quatre pintes,
Comme en ont les buveurs de Terburg, et le soir
Près du poële qui siffle et qui détonne, — au centre
D'un brouillard de tabac, les deux mains sur le ventre,
Suivre une idée en l'air, dormir — ou digérer,
Chanter un Pereat, porter quelque rasade
Au fond d'un de ces vieux intérieurs, qu'Ostade
    D'un jour si doux sait éclairer !

3.

— A vous faire oublier, à vous, peintre et poëte
Ce pays enchanté dont la Mignon de Goëthe
Frileuse, se souvient, et parle à son Wilhem ;
Ce pays du soleil où les citrons mûrissent,
Où de nouveaux jasmins toujours s'épanouissent :
Naples pour Amsterdam, le Lorrain pour Berghem !
— A vous faire donner pour ces murs verts de mousses
Où Rembrandt au milieu de ses ténèbres rousses,

Fait luire quelque Faust en son costume ancien,
Les beaux palais de marbre aux blanches colonnades,
Les femmes au teint brun, les molles sérénades,
　　Tout l'azur du ciel Vénitien !

4.

— Dans ce bourg autrefois vivait, dit la chronique,
Une méchante femme ayant nom Véronique ; —
Chacun la redoutait, et répétait tout bas
Qu'on avait entendu des murmures étranges
Autour de sa demeure, et que de mauvais anges
Venaient pendant la nuit y prendre leurs ébats.
—C'étaient des bruits sans nom inconnus à l'oreille,
Comme la voix d'un mort qu'en sa tombe réveille
Une évocation :— De sourds vagissements
Sortant de dessous terre, et des rumeurs lointaines,
Des chants, des cris, des pleurs, des cliquetis de chaines
　　— D'épouvantables beuglements.

5.

Même Dame Gertrude avait un jour d'orage
Vu de ses propres yeux du milieu d'un nuage,

A cheval sur la foudre un démon noir sortir
Traverser le ciel rouge, et dans la cheminée,
De bleuâtres vapeurs soudain environnée,
La tête la première en hurlant s'engloutir. —
La grange du fermier Justus Van Eik s'embrase
Sans qu'on puisse l'éteindre, et par sa chute écrase
Avalanche de feu, quatre des travailleurs ;—
Des gens dignes de foi jurent que Véronique
Se trouvait là, riant d'un rire sardonique,
    Et grommelant des mots railleurs !

6.

—La femme du brasseur Cornelis met au monde
Avant terme, un enfant couvert d'un poil immonde,
Et si laid que son père eût voulu le voir mort.
—On dit que Véronique avait sur l'accouchée
Depuis ce temps malade, et dans son lit couchée,
Par un mystère noir jeté ce mauvais sort.
Au reste, —tous ces bruits, son air sauvage et louche
Les justifiait bien. — Œil vert, profonde bouche,
Dents noires, front coupé de rides, doigts noueux,
Dos voûté, pied tortu sous une jambe torse,
Voix rauque, ame plus laide encor que son écorce,
    — Le diable n'est pas plus hideux. —

7.

Cette vieille sorcière habitait une hutte,
Accroupie au penchant d'un maigre tertre, en butte
L'été comme l'hiver au choc des quatre vents ;
— Le chardon aux longs dards, l'ortie et le lierre
S'étendent à l'entour en nappe irrégulière ;
L'herbe y pend à foison ses panaches mouvants ;
Par les fentes du toit, par les brèches des voûtes,
Sans obstacle passant la pluie à larges gouttes,
Inonde les planchers moisis et vermoulus.
— A peine si l'on voit dans toute la croisée
Une vitre sur trois qui ne soit pas brisée,
    Et la porte ne ferme plus.

8.

La limace baveuse argente la muraille,
Dont la pierre se gerce et dont l'enduit s'éraille ;
Les lézards verts et gris se logent dans les trous,
Et l'on entend le soir sur une note haute
Coasser tout auprès la grenouille qui saute,
Et râler aigrement les crapauds à l'œil roux.
—Aussi pendant les soirs d'hiver, la nuit venue
Surtout quand du croissant une ouateuse nue,

Emmaillote la corne en un flot de vapeur. —
Personne, — non pas même Eisembach le ministre
N'ose passer devant ce repaire sinistre
    Sans trembler et blêmir de peur.

9.

De ces dehors riants l'intérieur est digne
Un pandémonium! — où sur la même ligne,
Se heurtent mille objets fantasquement mêlés.
—Maigres chauve-souris aux diaphanes ailes,
Se cramponnant au mur de leurs quatre ongles frêles,
Bouteilles sans goulot, plats de terre fêlés ;
Crocodiles, serpents empaillés, Plantes rares,
Alambics contournés en spirales bizarres,
Vieux manuscrits ouverts sur un fauteuil bancal,
Fœtus mal conservés saisissant d'une lieue
L'odorat, et collant leur face jaune et bleue
    Contre le verre du bocal! —

10.

— Véritable sabbat de couleurs et de formes,
Où la cruche hydropique avec ses flancs énormes,

Semble un hyppopotame, et la fiole au grand cou,
L'Ibis Égyptien au bord du sarcophage,
De quelque Pharaon ou d'un ancien roi mage;
— Ivresse d'opium et vision de fou,
Où les récipients, matras, syphons et pompes
Allongés en phallus, ou tortillés en trompes,
Prennent l'air d'éléphants et de rhinocéros,
Où les monstres tracés autour du zodiaque
Portant écrit au front leur nom assyriaque,
      Dansent entre eux des Boléros!

11.

— Poudreux entassement de machines baroques
Dont l'œil ne peut saisir les contours équivoques,
Et de bouquins sans titre en langage chrétien! —
Tohu Bohu! — cahos où tout fait la grimace,
Se déforme, se tord, et prend une autre face.
— Glace vue à l'envers où l'on ne connaît rien;
Car tout est transposé.—Le rouge y devient fauve;
Le blanc noir, le noir bleu; — jamais sous une alcóve
Smarra n'a dessiné de fantômes plus laids.
— C'est la réalité des contes fantastiques,
C'est le type vivant des songes drôlatiques;
    — C'est Hoffmann, et c'est Rabelais!

12.

Pour rendre le tableau complet, au bord des planches
Quelques têtes de mort vous apparaissent blanches,
Avec leurs crânes nuds, avec leurs grandes dents,
Et leurs nez faits en trèfle et leurs orbites vides
Qui semblent vous couver de leurs regards avides.
—Un squelette debout et les deux bras pendants,
Au gré du jour qui passe au treillis de ses côtes,
Que du sépulcre à peine ont déserté les hôtes,
Jette son ombre au mur en linéaments droits.
—En entrant là, — Satan bien qu'il soit hérétique
D'épouvante glacé, comme un bon catholique
    Ferait le signe de la croix.

13.

Et pourtant cet enfer est un ciel pour l'artiste.
Teniers à cette source a pris son alchimiste,
Callot bien des motifs de sa tentation ;
Goëthe a tiré de là la scène toute entière,
Où Méphistophélès mène chez la sorcière,
Faust qui veut rajeunir, boire la potion.
— L'illustre baronet sir Walter Scott lui-même,
(Jedediah Cleishbotham), y puisa plus d'un thème.

— Ce type qu'il repète infatigablement
Meg (de Guy Mannering) ressemble à s'y méprendre
A notre Véronique, — il n'a fait que la prendre
   Et déguiser le vêtement.

14.

— Le plaid bariolé de Tartan, et la toque
Dissimulent la jupe et le béguin à coque.
L'Écosse a remplacé la Flandre ; — voilà tout.
Ensuite il m'a volé, l'infâme plagiaire,
Cette description, (voyez son antiquaire)
Le chat noir, — Marius sur ces restes debout ! —
Et mille autres détails. — Je le jurerais presque,
Celui qui fit l'hymen du sublime au grotesque,
Créa Bug, Han, Cromwell, Notre-Dame, Hernani ;
Dans cette hutte même a ciselé ces masques
Que l'on croirait, à voir leurs galbes si fantasques
   De Benvenuto Cellini.

15.

Le matou dont il est parlé dans l'autre strophe
Était le bisaïeul de Murr, ce philosophe,

Dont l'histoire enlacée à celle de Kreissler,
M'a fait plus d'une fois oublier que la búche
Prenait en s'éteignant sa robe de peluche,
Et que minuit sonnait et que c'était l'hiver. —
Mon pauvre Childebrandt à l'amitié si franche,
Le meilleur cœur de chat et l'ame la plus blanche
Qu'il se puisse trouver sous des poils aussi noirs ;
Cet ami dont la mort m'a causé tant de peine,
Que depuis ce temps là j'ai pris la vie en haine,
    Était aussi l'un de ses hoirs.

16.

Ce digne chat était du reste l'être unique
Admis dans ce repaire, et pour qui Véronique
Eût de l'affection ; — peut-être bien aussi
Etait-il seul au monde à l'aimer ; — vieille, laide
Et pauvre, qui l'eut fait—? C'est un mal sans remède ;
Ceux qu'on hait sont méchants, et l'on s'excuse ainsi.
— Il fait nuit, tout se tait ; — une lumière rouge,
Intermittente, oscille aux vitrages du bouge,
— Notre matou, couché sur le fauteuil boiteux,
Regarde d'un air grave et plein d'intelligence
Le vieille qui s'agite et qui fait diligence
    Pour quelque mystère honteux ;

17.

Ou bien frottant sa patte à sa moustache raide
Lustre son poil soyeux comme l'hermine, à l'aide
De sa langue âpre et dure, et frileux, pour dormir
Entre les deux chenets près des tisons, en boule
La tête sous la queue artistement se roule.
— La bise cependant continue à gémir,
L'orfraie aux sifflements rauques de la tempête
Mêle ses cris; — le toit craque, la bûche pète,
La flamme tourbillonne, et dans un grand chaudron
Sous des flocons d'écume une eau puante et noire,
Danse en accompagnant de son bruit la bouilloire
Et le matou qui fait ron ron.

18.

Minuit est le moment voulu pour l'œuvre inique;—
Minuit sonne. — Aussitôt l'infâme Véronique
Trace de sa baguette un rond sur le plancher,
Et se place au milieu; — des milliers de fantômes
Hors du cercle magique ainsi que des atômes,
Qu'un rayon de soleil dans l'ombre vient chercher,
Tremblent points lumineux sur la tenture noire.
— La vieille cependant murmure son grimoire,

Pousse des cris aigus, dit des mots, dont le son,
Pareil au bruit que font les marteaux d'une forge,
Vous écorche l'oreille et vous prend à la gorge
Comme une mauvaise boisson.

19.

Mais ce n'est pas là tout ; — pour finir le mystère,
Elle jette un par un ses vêtements à terre
Et se met toute nue : — oh, c'était effrayant ! —
Le squelette blanchi dont la bise se joue,
Et qui depuis six mois fait aux corbeaux la moue
Du haut d'une potence, est un objet riant,
Près de cette carcasse aux mamelles arides,
Au ventre jaune et plat coupé de larges rides,
Aux bras rouges pareils à des bras de homar.
Horror ! horror ! horror ! comme dirait Shakspeare
— Un, *a deed without name*, — impossible à décrire
Un idéal de cauchemar ! —

20.

Dans le creux de sa main elle prend cette eau brune
Et s'en frotte trois fois la gorge. — Non, aucune

Langue humaine ne peut conter exactement
Ce qui se fit alors ! — Cette mamelle flasque,
Qui s'en allait au vent comme s'en va la basque
D'un vieil habit râpé, — miraculeusement
Se gonfle et s'arrondit; — le nuage de hâle
Se dissipe : on dirait une boule d'opâle
Coupée en deux, à voir sa forme et sa blancheur.—
Le sang en fils d'azur y court, la vie y brille
De manière à pouvoir même avec une fille
    De quinze ans, lutter de fraicheur.

21.

Elle se frotte l'œil et puis toute la face ;
— La rose y reparait, le moindre pli s'efface
Comme les plis de l'eau quand le vent est tombé;
L'émail luit dans sa bouche; une vive étincelle,
Un diamant de feu nage dans sa prunelle;
Ses cheveux sont de jais, son corps n'est plus courbé.
—Elle est belle à présent;—mais belle à faire envie.—
Plus d'un beau cavalier exposerait sa vie,
Seulement pour toucher sa main du bout du doigt,
Et l'on ne songe pas en voyant cette tête
Si charmante, ce corps, cette taille parfaite
    A quels moyens elle les doit.

22.

Une perle d'amour ! — De longs yeux en amande
Parfois d'une douceur tout-à-fait Allemande,
Parfois illuminés d'un éclair Espagnol ; —
Deux beaux miroirs de jais, à vous donner l'envie
De vous y regarder pendant toute la vie ;
—Un son de voix plus doux qu'un chant de rossignol ;
Sontag et Malibran, — dont chaque note vibre,
Et dans le cœur se noue à quelqu'intime fibre ,—
— La malice de Puck, la grace d'Ariel, —
Une bouche mutine où la petite moue
D'Esmeralda , se mêle au sourire et se joue
    — Un miracle, un rêve du ciel —!

23.

Lecteur, sans hyperbole elle était vraiment belle ;
— Très belle ! — c'est-à-dire elle paraissait telle ,
Et c'est la même chose. — Il suffit que les yeux
Soient trompés, et toujours ils le sont quand on aime.
-Le bonheur qui nous vient d'un mensonge, est le même
Que s'il était prouvé par l'algèbre.— Être heureux,
Qu'est-ce —? Sinon le croire, et caresser son rêve,
Priant Dieu qu'ici bas jamais il ne s'achève ,

Car la foi seule peut nous faire voir le ciel
Dans l'exil de la vie , et ce désert du monde
Où la félicité sur le néant se fonde ,
    Et le malheur sur le réel ;

24.

— La flamme qui dormait, s'éveille ; —Véronique
Sort du cercle , revêt une blanche tunique,
Une robe de pourpre , — au lieu du béguin noir
Qu'elle portait avant, sur sa tête elle place
Un chaperon d'hermine , et prenant une glace,
S'y mire plusieurs fois et sourit de se voir. —
La lune en ce moment par une déchirure
De nuage, dardait sa clarté faible et pure ;
— La porte était ouverte, en sorte qu'on pouvait
Du dehors, distinguer le dedans , et sans doute
Si quelqu'un à cette heure eût passé sur la route,
    Il aurait pensé qu'il rêvait. —

25.

Véronique, du bout de sa baguette touche
Le matou qui lui lance un regard faux et louche,

26.

Et se roule à ses pieds en faisant le gros dos ;
Tourne trois fois en rond, fait des signes mystiques,
Et prononce tout bas des mots cabalistiques ;
— Spectacle à vous figer la moëlle dans les os ! —
A la place du chat paraît un beau jeune homme,
—Nez aquilin, front haut, moustache noire,—comme
La jeune fille en voit dans ses songes d'amour ;
—Avec son manteau rouge et son pourpoint de soie,
Sa dague de Tolède au pommeau qui chatoie,
   — Vraiment il était fait au tour ! —

26.

C'est bien, dit Véronique, en tendant sa main blanche
Au jeune cavalier qui, le poing sur la hanche,
En silence attendait : — don Juan, conduisez-moi ;
— Juan s'inclina.—Madame, où faut-il qu'on vous mène?
La dame se pencha sur son oreille ; — à peine
Deux syllabes,—don Juan comprit.—Holà donc toi,
Leporello, dit-il d'une voix haute et claire,
Madame veut sortir, prends une torche, éclaire
Madame : — à l'instant même une cire à la main
Leporello paraît amenant la voiture,
Ils y montent, — le fouet claque, le cocher jure,
   Et les voilà sur le chemin.

27.

Mais quel chemin encor? — C'est un profond mystère.
—Il faisait nuit; — d'ailleurs dans ce lieu solitaire
Qui diable eût pu les voir? –Personne, –tout dormait;
La lune avait bandé ses yeux bleus d'un nuage
De peur d'être indiscrète. — Au terme du voyage,
Sans que nul se doutât de ce qu'elle enfermait,
La voiture parvint. — Pas un seul grain de boue
A ses larges panneaux armoriés; — la roue,
Comme si les cailloux eussent été doublés
De soie et de velours, roulait muette et sourde
A travers champs, toujours tout droit, et si peu lourde
    Qu'elle ne couchait pas les blés!

28.

Pour le présent, la scène est transportée à Leyde.
— Ce singe enjuponné, cette sorcière laide
A faire à Belzébuth tourner les deux talons;
— Jeune et belle à présent, vivante poésie,
Trésor de graces, fait sécher de jalousie
Sous leurs vertugadins chamarrés de galons,
Leurs bonnets à carcasse élevés de dix toises,
Les beautés à la mode et les Vénus bourgeoises

De l'endroit ; — le salon de dame Barbara
Von Altenhorff, — celui de la comtesse anglaise
Cécilia Wilmot est vide, — ou est à l'aise
    Chez la landgrave de Gotha !

29.

Jeunes et vieux, — robins en perruque poudrée, —
Fats portant autour d'eux une atmosphère ambrée ; —
Militaires en beaux uniformes traînant
Sur le parquet sonore une épée incongrue ;
— Peintres, musiciens, — tout le monde se rue
Chez l'étrangère, et bien qu'il soit peu convenant,
Au dire d'une vieille et méchante bégueule,
D'accaparer ainsi les hommes pour soi seule,
Surtout lorsque l'on n'a qu'un minois chiffonné
Et la beauté du diable, — on s'y portait ; — l'unique
Entretien de la ville était sur Véronique,
    — Jamais nom ne fut plus prôné ! —

30.

C'était un engouement, un délire, une rage,
Des battemens de mains, des bravos, un tapage

Quand elle paraissait, à ne s'entendre pas.
— Jamais dilettanti n'ont du fond de leurs loges
Sur la Prima donna fait pleuvoir plus d'éloges,
De bouquets et de vers, certes, qu'à chaque pas
La belle Véronique — aux bals, dans les théâtres,
Partout, — n'en recevait des Mein hers idolâtres ;
— Les poëtes faisaient des sonnets sur ses yeux
Et l'appelaient — soleil ou lune — en acrostiches ;
Les peintres barbouillaient son image, — et les riches
    Se ruinaient à qui mieux mieux.

31.

Elle donnait le ton, et, reine de la mode,
Elle était adorée ainsi qu'une pagode ;
— Personne n'eut osé la contredire en rien, —
La forme des chapeaux, et la coupe des manches,
Lequel fait mieux des fleurs ou bien des plumes blanches ?
Quelle parure sied ? — quelle couleur va bien ?
S'il faut mettre du rouge ou non ? (question grave)
Elle décidait tout. — La femme du Margrave
Tielemanus Van-Horn, la fille du vieux Duc
Avaient beau protester par leur mise hérétique,
— A peine voyait-on dans leur salon gothique
    Un laid *Sigisbeo* caduc.

32.

Young fut devenu gai, — le pleureur Héraclite
S'essuyant l'œil, eût ri plus fort que Démocrite
Au spectacle plaisant des efforts que faisaient
Les dames de l'endroit, Iris courtes et grasses
Pour s'habiller comme elle et copier ses grâces,
— Des ingénuités dont les moindres pesaient
Trois ou quatre quintaux ; — des faces rubicondes
Avec des fleurs, des nœuds de rubans, et des blondes,
— Des montagnes de chair à la Rubens, — au lieu
De bons velours d'Utrecht, de brocards à ramages
Portant de fins tissus, des gazes, des nuages !
   — Quel travestissement, bon dieu ! —

33.

Notre héroïne au reste était toujours charmante,
Parée ou non, — avec son voile, avec sa mante,
En bonnet, en chapeau ; — de toutes les façons !
— Tout sur elle vivait. — Les plis semblaient comprendre
Quand il fallait flotter et quand il fallait pendre,
La soie intelligente arrêtait ses frissons,
Ou les continuait gazouillant ses louanges ;
— Une brise à propos faisait onder ses franges,

Ses plumes palpitaient ainsi que des oiseaux
Qui vont prendre l'essor et qui battent des ailes ;
—Une invisible main soutenait ses dentelles
    Et se jouait dans leurs réseaux.

34.

La moindre chose, un rien, elle était bien coiffée,—
Chaque bout de ruban, chaque fleur était fée,
— Tout ce qui la touchait devenait précieux ;
Tout était de bon goût, et, (qualité bien rare)
Quelque fut son habit, galant, riche ou bizarre,
On n'apercevait qu'elle, — elle seule ; — ses yeux
Faisaient des diamans pâlir les étincelles : —
Les perles de ses dents paraissaient les plus belles,
La blancheur de sa peau ternissait le satin.
— *Disinvolture*, esprit lutin, grâce caline, —
Tour à tour Camargo, Manon Lescaut, Philine,
    —Une ravissante catin.

35.

— Le conseiller aulique Hanz et Meister Philippe,
Pour elle avaient laissé le genièvre et la pipe ;

—C'était vraiment plaisir de voir ces bons Flamands
Types complets , — gros, courts , la face réjouie,
Négligeant leur tulipe enfin épanouie
Transformés en Dandys et faire les charmans
Auprès de la Diva. — Les femmes et les mères
Ne lui ménageaient pas les critiques amères ,
Mais elle allait toujours son train,—sans en perdre un,
Et s'inquiétant peu de ce vain caquetage,
Accueillait tout le monde et recevait l'hommage
    Et les rixdales de chacun.

36.

Deux mois sont écoulés. — Capricieuse reine ,
Ce jour là Véronique avait une migraine,
Ou prétendait l'avoir, et ne recevait pas. —
Les courtisans faisaient en grand nombre antichambre.
—Dans un riche boudoir où des pastilles d'ambre
Jettent un doux parfum, où tous les bruits de pas
Sur de beaux tapis turcs comme sur l'herbe, meurent,
Où le timbre qui chante et les bûches qui pleurent,
Troublent seuls le silence avec leurs grêles voix.
Notre belle— en peignoir du matin— pâle et blanche
Comme une perle— au bord d'un guéridon se penche
    Froissant un papier sous ses doigts.

37.

Elle boude! — mon Dieu, qu'une femme qui boude
A de graces! — la main sous le menton, — le coude
Tel qu'un arceau de jaspe appuyé mollement
Sur un genou, — le corps qui s'affaisse et se ploie,
Ainsi qu'un bouton d'or qu'une goutte d'eau noie ;
— Les cheveux débouclés qui cachent par moment
Ou laissent voir, selon que le zéphyr s'en joue,
Ou que les doigts mutins les peignent, une joue
Transparente et nacrée, un front veiné d'azur,
Comme dans les jardins font les branches des arbres
De leurs réseaux voilant ou découvrant les marbres
Debouts sous leur ombrage obscur.

38.

Qui cause ce chagrin — en se levant, s'est-elle
Dans sa glace trouvée ou vieillie ou moins belle,
— A-t-elle découvert dans ses boucles de jais
Un pâle fil d'argent ? — à ses dents une tache ?
Les deux bouts du ruban sous la main qui l'attache
Seraient-ils donc trop courts pour son corps plus épais ?
— Cette robe attendue et sur laquelle on compte
Pour enlever à Miss Wilmot le cœur du comte,

S'est-elle déchirée ou fripée en chemin ? —
Son épagneul est-il malade —? Quelque fièvre,
Après trois nuits de bal, a-t-elle de sa lèvre
    Décoloré le pur carmin ?

39.

Son œil est-il moins vif ? — son col moins blanc ? — l'ovale
De son visage grec moins pur ? — Quelque rivale,
Avec plus de jeunesse ou plus de diamants,
A-t-elle au dernier *Roût* fait tourner plus de têtes ?
Non, — elle est bien toujours la déesse des fêtes ; —
Tout ploie à ses genoux. — Hier, l'un de ses amants
Pris d'un beau désespoir, la voyant infidèle,
S'est jeté dans le Rhin ; — et ce matin, pour elle,
Ludwig de Siegendorff en duel s'est battu,
Son adversaire est mort, — lui blessé ; — voilà certe
Un beau succès ! — tout Leyde est en l'air et disserte.
   — Pourquoi donc ce front abattu ?

40.

Pourquoi donc ces sourcils qui tremblent et se plissent ?
Ces longs cils noirs baissés où quelques larmes glissent,

Qui palpitent, jetant sur le satin des chairs
Une auréole brune, une ombre veloutée,
Comme Lawrence en peint? — Cette gorge agitée
Dans sa prison de crêpe et sous les réseaux clairs
Ondant comme la neige au vent d'une tempête? —
Quelle pensée étrange à cette folle tête
Donne un air si rêveur? — Est-ce le souvenir
De son premier amour et de ses jours d'enfance?
— Regret d'avoir perdu cette belle innocence,
    — Est-ce la peur de l'avenir?

41.

Ce n'est pas cela; non, — elle est trop corrompue
Pour ne pas oublier, et la chaîne est rompue
Qui liait son présent à son passé; — d'ailleurs,
Je ne crois pas qu'elle ait dans un pli de son ame
Un de ces souvenirs, qui, dans tout cœur de femme,
Si dépravé qu'il soit, reste des jours meilleurs,
Et se garde sans tache au fond de sa mémoire,
Comme fait une perle au creux d'une onde noire.
— Ce n'est qu'une coquette, elle n'a pas aimé —
Le bal, un souper fin, quelque soirée à rendre, —
Le plaisir l'étourdit, et l'empêche d'entendre
    La voix de son cœur comprimé.

42.

Voici le fait : — la veille on jouait au théâtre
Le *Don Juan* de Mozart, avec sa cour folâtre
De jeunes merveilleux, — papillons de boudoir,
Dont quelque Staub de Leyde a découpé les ailes. —
Véronique était là, — le pôle des prunelles,
Coquetant dans sa loge et radieuse à voir,
— Les femmes sous leur fard pâlissaient de colère,
Et se mordaient la lèvre : — elle, sûre de plaire,
Comme le paon sa queue, ouvrait son éventail,
Parlait, riait tout haut, laissait choir sa lorgnette,
Otait son gant, faisait sentir sa cassolette,
    Ou chatoyer son riche émail. —

43.

Les acteurs avaient beau s'évertuer en scène,
Filer les plus beaux sons, ils y perdaient leur peine.
— En vain Leporello pas à pas suivait Juan ;
En vain le commandeur faisait tonner ses bottes ;
Zerbine gazouillait, jouant avec les notes,
Donna Anna pleurait. — Ils auraient bien un an
Continué ce jeu sans que l'on y prit garde :
— Le parterre est distrait, — l'on cause, l'on regarde ;

Mais d'un autre côté; — sous les binocles d'or
Braqués au même point le désir étincelle,
Véronique sourit, — le bonheur d'être belle
    La fait dix fois plus belle encor.

44.

— Seul un homme debout auprès d'une colonne,
Sans que ce grand fracas le dérange ou l'étonne,
A la scène oubliée attachant son regard,
Dans une extase sainte enivre ses oreilles.
De ces accords profonds, de ces hautes merveilles
Qui font luire ton nom entre tous, — ô Mozart ! —
Ton génie avait pris le sien, et de ses ailes
Le poussait par delà les sphères éternelles.
— L'heure, le lieu, le monde, il ne savait plus rien,
Il s'était fait musique, et son cœur, en mesure
Palpitait et chantait avec une voix pure,
    Et lui seul te comprenait bien. —

45.

Tout au plus dans l'entr'acte avait-il, sur la belle,
Jeté l'œil — froidement, — et sans que sa prunelle

S'allumât, comme si le regard contre un mur
Eut été se briser. — Pourtant, comme une balle,
Cette œillade d'un bout à l'autre de la salle,
Au cœur de Véronique, arrivant d'un vol sûr,
Y fit sans le vouloir une blessure grave ;
— Une blessure à mort. — Ainsi l'on voit un brave
Être tué sans gloire à l'angle d'un buisson
Par le coup de fusil tiré sur quelque lièvre,
Par la tuile qui tombe, ou mourir de la fièvre
    En revenant dans sa maison.

46.

— Celle qui, jusqu'alors comme la Salamandre,
Froide au milieu des feux, daignait à peine rendre
Pour une passion un caprice en retour,
Et se faisait un jeu ; (c'est le plaisir des femmes)
De torturer les cœurs et de damner les ames,
Celle qui sans pitié se jouait d'un amour,
Comme un enfant cruel de son hochet qu'il casse,
Et rejette bien loin aussitôt qu'il le lasse ;
Souffre aujourd'hui les maux qu'elle causait hier ;
Elle faisait aimer, et maintenant elle aime !
— L'oiseleur, à la fin s'est englué lui-même ;
    — Il est vaincu ce cœur si fier ! —

47.

C'est le train de la vie et de la destinée ;
Quand au timbre fatal l'heure est enfin sonnée,
Nul ne peut retarder sa défaite d'un jour.
—Quelle vertu qu'on ait, ou qu'on fuie ou qu'on reste,
Tout cède à ce pouvoir infernal ou céleste :
On ne saurait tromper ni son sort ni l'amour.
— Amour, joie et fléau du monde,— douce peine,—
Misère qu'on regrette et de charmes si pleine ;
—Rire qui touche aux pleurs,— souci pâle et charmant,
Mal que l'on veut avoir.— Paradis,— Enfer,— Songe
Commencé dans le ciel que sur terre on prolonge,
    — Mystérieux enchantement ! —

48.

Poignante Volupté,— plaisir qui fait peut-être
L'homme l'égal de Dieu ! qui ne veut vous connaître
S'il ne vous a connu,— momens délicieux
Et si longs et si courts qui valent une vie,
Et que voudrait payer l'Ange qui les envie
De son éternité de bonheur dans les cieux !—
Mer de félicité,— ravissement,— extase,
Dont ne saurait donner l'idée aucune phrase

Soit en vers, soit en prose.— Heures du rendez-vous,
Belles nuits sans sommeil,— râles, sanglots d'ivresse,
Soupirs, mots inconnus qu'étouffe une caresse,
   — Baisers enragés, désirs fous !—

49.

Amour ! le seul péché qui vaille qu'on se damne,
— En vain dans ses sermons le prêtre te condamne ;
En vain dans son fauteuil, besicles sur le nez,
La maman te dépeint comme un monstre à sa fille ;
— En vain Orgon jaloux ferme sa porte, et grille
Ses fenêtres.— En vain dans leurs livres mort-nés,
Contre toi longuement les moralistes crient ;
En vain de ton pouvoir les coquettes se rient,—
La novice à ton nom fait un signe de croix ;
Jeune ou vieux, brun ou blond, laid ou beau, rose ou blême
Anglais, Français, païen ou chrétien,— chacun aime
   Au moins dans sa vie une fois.

50.

Moi, ce fut l'an passé que cette frénésie
Me vint d'être amoureux.— Adieu la poésie !

— Je n'avais pas assez de temps pour l'employer
A compasser des mots : — adorer mon idole,
La parer, admirer sa chevelure folle,
Mer d'ébène où ma main aimait à se noyer ;
L'entendre respirer, la voir vivre, sourire
Quand elle souriait, m'enivrer d'elle, lire
Ses désirs dans ses yeux ; sur son front endormi
Guetter ses rêves ; boire à sa bouche de rose
Son souffle en un baiser, — je ne fis autre chose
    Pendant quatre mois et demi. —

51.

Sans cela l'univers aurait eu mon poème
En l'an 1830, et beaucoup plus tôt même ;
Mais, — comme je l'ai dit, je n'avais pas le temps
D'enfiler dans un vers des mots, comme des perles
Dans un cordon. — J'allais ouïr siffler les merles
Avec elle aux grands bois ;— l'on était au printemps,
Elle, comme un enfant, courait dans la rosée
Après les papillons, et la jambe arrosée
D'une pluie argentine allait chantant toujours ;
Chaque fleur sous ses pas inclinait son ombelle.
— Moi, je la regardais ;— la nature était belle,
    Et riait comme nos amours. —

52.

Mai dans le gazon vert faisait rougir la fraise,
—Dès qu'elle en trouvait une, heureuse et sautant d'aise,
Elle accourait bien vite et voulait partager ;
—Moi, je ne voulais pas ; — c'était une bataille !
D'un bras j'emprisonnais ses deux bras et sa taille,
Et de mon autre main je la faisais manger. —
Elle me résistait d'abord, mais bientôt lasse
D'une lutte inégale, elle demandait grace,
Promettant de payer en baisers sa rançon.
— Alors comme un oiseau dont on ouvre la cage,
Elle prenait son vol et fuyait, la sauvage,
  Se cacher derrière un buisson.

53.

Et puis je l'entendais rire sous la feuillée,
De me tromper ainsi. –Quelque abeille éveillée
Sortant d'une pervenche, un lézard, un faucheux,
Arpentant son col blanc avec ses pattes grêles,
Une chenille prise aux plis de ses dentelles,
La ramenait bientôt poussant des cris affreux.
— Elle cachait son front contre moi, toute blanche,
Tressaillant quand le vent remuait une branche,

Ses beaux seins effarés au tic tac de son cœur
Tremblaient et palpitaient comme deux tourterelles
Surprises dans le nid, qui font un grand bruit d'ailes
     Entre les doigts de l'oiseleur.

54.

Tout en la rassurant d'une main aguerrie
Je saisissais le monstre,—et de sa peur guérie
Elle recommençait à rire, et s'asseyait
Sur un de mes genoux se moquant d'elle-même,
Et m'embrassait disant:—Mon dieu comme je l'aime!
Puis le baiser rendu, rêveuse, elle appuyait
Sa tête à mon épaule, et fermait sa paupière
Comme pour s'endormir. — Un long jet de lumière,
Traversant les rameaux, dorait son front charmant;
— Le rossignol chantait et perlait ses roulades,
Un vent tout parfumé sous les vertes arcades
     Soupirait langoureusement.

55.

Nous ne nous disions rien, et nous avions l'air triste,
Et pourtant, ô mon Dieu! si le bonheur existe

Quelque part ici bas, nous étions bien heureux,
— Qu'eût servi de parler! — Sur nos lèvres pressées
Nous arrêtions les mots, nous savions les pensées,
Nous n'avions qu'un esprit, qu'une seule ame à deux,
— Comme emparadisés dans les bras l'un de l'autre,
Nous ne concevions pas d'autre ciel que le nôtre.
Nos artères, nos cœurs vibraient à l'unisson,
Dans les ravissemens d'une extase profonde
Nous avions oublié l'existence du monde,
    Nos yeux étaient notre horizon.

56.

Tout ce bonheur n'est plus.—Qui l'aurait dit! nous somm
Comme des étrangers l'un pour l'autre, les hommes
Sont ainsi ; — leur toujours ne passe pas six mois.—
L'amour s'en est allé, Dieu sait où ; — ma princesse,
Comme un beau papillon qui s'enfuit et ne laisse
Qu'une poussière rouge et bleue au bout des doigts
Pour ne plus revenir, a déployé son aile
Ne laissant dans mon cœur plus que le sien fidèle
Que doutes du présent et souvenirs amers.
— Que voulez-vous? — la vie est une chose étrange ;
En ce temps là j'aimais, et maintenant j'arrange
    Mes beaux amours en méchants vers.

57.

Bénévole lecteur, c'est toute mon histoire
Fidèlement contée, autant que ma mémoire,
Registre mal en ordre, a pu me rappeler
Ces riens qui furent tout dont l'amour se compose
Et dont on rit ensuite.—Excusez cette pause,
La bulle que j'avais pris plaisir à souffler
Et qui flottait en l'air des feux du prisme teinte
En une goutte d'eau tout à coup s'est éteinte.
—Elle s'était crevée au coin d'un toit pointu;
En heurtant le réel ma riante chimère
S'est brisée, et je n'aime à présent que ma mère;
    Tout autre amour en moi s'est tu.

58.

Excepté cependant le tien, ô Poésie,
Qui parles toujours haut dans une âme choisie!
—Poésie, ô bel ange à l'auréole d'or,
Qui, passant d'un soleil ou d'un monde dans l'autre
Sans crainte de salir tes pieds blancs sur le nôtre,
Dans notre nuit suspends un moment ton essor,
Nous dis des mots tout bas, et du bout de ton aile
Sèches nos pleurs amers;—et toi, sa sœur jumelle,

Peinture, la rivale et l'égale de Dieu,
Déception sublime, admirable imposture,
Qui redonnes la vie et doubles la nature,
    Je ne vous ai pas dit adieu !

59.

— Revenons au sujet. — Le jeune enthousiaste
Était beau cavalier, et certe une plus chaste
Que Véronique eût pu s'enamourer de lui.
Avant d'aller plus loin, il serait bon peut-être
D'esquisser son portrait. — Le dehors fait connaitre
Le dedans. — Un soleil étranger avait lui
Sur sa tête et doré d'une couche de hâle
Sa peau d'Italien naturellement pâle.
— Ses cheveux, sous ses doigts en désordre jetés,
Tombaient autour d'un front que Gall avec extase
Aurait palpé six mois et qu'il eût pris pour base
    D'une douzaine de traités.

60.

Un front impérial d'artiste et de poëte,
Occupant à lui seul la moitié de la tête,

Large et plein, se courbant sous l'inspiration,
Qui cache en chaque ride avant l'âge creusée
Un espoir surhumain, une grande pensée,
Et porte écrits ces mots : — force et conviction. —
Le reste du visage à ce front grandiose
Répondait. — Cependant il avait quelque chose
Qui déplaisait à voir, et, quoique sans défaut,
On l'aurait souhaité différent.—L'ironie,
Le sarcasme y brillait plutôt que le génie ;
    Le bas semblait railler le haut.

61.

Cet ensemble faisait l'effet le plus étrange ;
C'était comme un démon se tordant sous un ange,
Un enfer sous un ciel.—Quoiqu'il eût de beaux yeux,
De longs sourcils d'ébène effilés vers la tempe
Se glissant sur la peau comme un serpent qui rampe,
Une frange de cils palpitans et soyeux ;
Son regard de lion et la fauve étincelle
Qui jaillissait parfois du fond de sa prunelle
Vous faisaient frissonner et pâlir malgré vous.
— Les plus hardis auraient abaissé la paupière
Devant cet œil Méduse à vous changer en pierre,
    Qu'il s'efforçait de rendre doux.

62.

— Sur sa lèvre sévère à chaque coin ombrée
D'une fine moustache élégamment cirée
Un sourire moqueur quelquefois se posait ;
Mais son expression la plus habituelle
Était un grand dédain. — Vainement notre belle,
L'ayant revu depuis dans le monde, faisait
Tout ce qu'une coquette en pareil cas peut faire
Pour en grossir sa cour. — Chose extraordinaire !
Rien ne put entamer ce cœur de diamant.—
Coups d'œil sous l'éventail, soupirs, minauderies,
Aveux à mots couverts, vives agaceries,
    — Elle échoua totalement !

63.

Ce n'était pas un homme à se laisser surprendre
Aux lacs que Véronique essayait de lui tendre.
— Le grand aigle à la glu qui retient le moineau
Laisse à peine une plume, — une mouche étourdie
A la toile en un coin par l'araignée ourdie
Se prend l'aile, la guêpe emporte le réseau :
— Gulliver d'un seul coup rompt les chaînes de soie
Des Lilliputiens. — Une si belle proie

Valait bien cependant qu'on y prît peine; aussi,
Excepté de lui dire en propres mots — je t'aime,
Elle essaya de tout; — mais lui, toujours le même,
    N'en prit aucunement souci.

64.

C'était là le motif qui faisait que sa porte
Était fermée à tous. En effet, eh! qu'importe
A son cœur occupé cette cour qui la suit?
—Ces beaux fils, ces dandys qui l'enchantaient naguères
Lui semblent maintenant ou guindés ou vulgaires;
Leurs madrigaux musqués la fatiguent; — le bruit
Et le jour lui font mal, tout l'excède et l'ennuie;
Sur sa petite main son front penche et s'appuie,
Son bras potelé pend au bord de son fauteuil.
La pauvre enfant! voyez, sa joue est toute pâle, —
Le dépit a changé ses roses en opale,
    Une perle luit à son œil.—

65.

Le papier que la belle avec un air d'angoisse,
Dès la strophe 36 de ce poëme, froisse,

Indubitablement est un billet d'amour,
—Un vélin azuré qui par toute la chambre
Jette une fashionable et suave odeur d'ambre.
—Je m'y connais,—pourtant l'écriture et le tour
Ont quelque chose en soi qui trahissent la femme.
— Est-ce un billet surpris de rivale, ou la dame
Pour son compte écrit-elle à quelque jeune Beau?
Le fait paraît prouvé par cette tache noire
Au bout de ce doigt blanc, et par cette écritoire
    Et cette plume de corbeau.

66.

Tout à coup, relevant comme un oiseau sa tête
Et poussant en arrière une boucle défaite,
Elle quitta sa pose indolente, et se prit,
Avant de demander la bougie et d'y mettre
La cire et le cachet, à relire sa lettre
Tout bas,—comme ayant peur que l'écho la comprit.
— Je ne l'enverrai pas, elle est trop mal écrite,
Dit-elle déchirant la feuille; elle mérite,
Comme celle d'hier, d'être jetée au feu.
—Il faisait un grand froid, la flamme était ardente,
Le papier se tordit comme un damné du Dante
    En dardant un jet de gaz bleu,

67.

Et disparut.—Pendant que brûle cette feuille,
L'enfant en prend une autre, un instant se recueille
Et commence. — Sa main rapide en son essor,
Comme un cheval de course à New-Market, à peine
Effleure le papier ; — la page est toute pleine
Que l'encre aux premiers mots n'est pas figée encor.
Don Juan!—Le chapeau bas, don Juan devant la dame
Est debout.—Véronique agitée, une flamme
Aux prunelles : — Portez le billet que voici
Au signor Albertus, — le peintre qui demeure
Hôtel du Singe-Vert—lui-même, et dans une heure
  Au plus tard, Juan, soyez ici.

68.

Albertus, je n'ai pas besoin de vous le dire,
Est le fin cortéjo que je viens de décrire
Quelques stances plus haut.—C'était un homme d'art,
Aimant tout à la fois d'un amour fanatique
La peinture et les vers autant que la musique.
—Il n'eût pas su lequel de Dante ou de Mozart,
Dieu lui laissant le choix, il eût souhaité d'être :
Mais moi qui le connais comme lui, mieux peut-être,

Je crois en vérité qu'il eût dit : Raphaël !
Car entre ces trois sœurs égales en mérite
Dans le fond la peinture était sa favorite
Et son talent le plus réel. —

69.

Il voyait l'univers comme un tripot infâme ;
—Pour son opinion sur l'homme et sur la femme,
C'était celle d'Hamlet ; — il n'aurait pas donné
Quatre maravedis des deux. — La créature
Le réjouissait peu, si ce n'est en peinture.
—S'étant toujours enquis, depuis qu'il était né,
Du pourquoi, du comment, il était pessimiste
Comme l'est un vieillard,—partant plus souvent triste
Qu'autre chose, et l'amour n'était qu'un nom pour lui.
—Quoique bien jeune encor, depuis longues années
Il n'y pouvait plus croire ; aussi dans ses journées
Sonnaient bien des heures d'ennui.

70.

Il prenait cependant son mal en patience.
— C'est un très grand fléau qu'une grande science ;

Elle change un bambin en Géronte ; elle fait
Que, dès les premiers pas dans la vie, on ne trouve
Novice, rien de neuf dans ce que l'on éprouve. —
Lorsque la cause vient, d'avance on sait l'effet ; —
L'existence vous pèse et tout vous paraît fade.
— Le piment est sans goût pour un palais malade ,
Un odorat blasé sent à peine l'éther :
L'amour n'est plus qu'un spasme, et la gloire un mot vide ,
Comme un citron pressé le cœur devient aride.
    — Don Juan arrive après Werther. —

71.

Notre héros avait, comme Ève sa grand'mère
Poussé par le serpent, mordu la pomme amère ;
Il voulait être dieu. — Quand il se vit tout nu,
Et possédant à fond la science de l'homme,
Il désira mourir. — Il n'osa pas ; mais, comme
On s'ennuie à marcher dans un sentier connu,
Il tenta de s'ouvrir une nouvelle route.
Le monde qu'il rêvait le trouva-t-il ? — J'en doute.
En cherchant il avait usé les passions,
Levé le coin du voile et regardé derrière.
— A vingt ans l'on pouvait le clouer dans sa bière,
    Cadavre sans illusions.

72.

Malheur, malheur à qui dans cette mer profonde
Du cœur de l'homme jette imprudemment la sonde!
Car le plomb bien souvent, au lieu de sable d'or,
De coquilles de nacre aux beaux reflets de moire,
N'apporte sur le pont que boue infecte et noire.
— Oh! si je pouvais vivre une autre vie encor!
Certes, je n'irais pas fouiller dans chaque chose
Comme j'ai fait.—Qu'importe après tout que la cause
Soit triste, si l'effet qu'elle produit est doux!
—Jouissons, faisons-nous un bonheur de surface;
Un beau masque vaut mieux qu'une vilaine face.
    — Pourquoi l'arracher, pauvres fous!   .

73.

Si de sa destinée il eût été l'arbitre,
Il eût, vous croyez bien, sauté plus d'un chapitre
Du roman de la vie et passé tout d'abord
A la conclusion de cette sotte histoire.
— Incertain s'il devait nier, douter ou croire,
Ou demander le mot de l'énigme à la mort,
Comme un duvet au vent avec indifférence
Il laissait au hasard aller son existence.

—Les choses d'ici-bas l'inquiétaient fort peu,
Et celles de là-haut encor moins. — Pour son âme
Je vous dirai, dussé-je encourir votre blâme,
Qu'il n'y croyait pas plus qu'en Dieu.

74.

Il était ainsi fait. — Singulière nature !
Son âme, qu'il niait, cependant était pure ;
— Il voulait le néant et n'aurait rien gagné
A la suppression de l'enfer. — Homme étrange !
Il avait les vertus dont il riait, et l'ange
Qui là-haut sur son livre écrivait indigné
Une grosse hérésie, un sophisme damnable,
Venant à l'action, le trouvait moins coupable,
Et pesant dans sa main le bien avec le mal,
Pour cette fois encor retenait l'anathème.
—Une larme tombée à l'endroit du blasphème
L'effaçait du feuillet fatal.

75.

La décoration change. — Pour le quart d'heure
Nous sommes à l'hôtel du Singe-Vert, demeure

Du signor Albertus, et dans son atelier.
—Savez-vous ce que c'est que l'atelier d'un peintre,
Lecteur bourgeois? Un jour discret tombant du cintre
Y donne à chaque chose un aspect singulier.—
C'est comme ces tableaux de Rembrandt, où la toile
Laisse à travers le noir luire une blanche étoile.
— Au milieu de la salle, auprès du chevalet,
Sous le rayon brillant où vient walser l'atome,
Se dresse un mannequin qu'on croirait un fantôme;
    — Tout est clair-obscur et reflet.—

76.

L'ombre dans chaque coin s'entasse plus profonde
Que sous les vieux arceaux d'une nef.-C'est un monde
Un univers à part qui ne ressemble en rien
A notre monde à nous; — un monde fantastique,
Où tout parle aux regards, où tout est poétique,
Où l'art moderne brille à côté de l'ancien;
—Le beau de chaque époque et de chaque contrée,
Feuille d'échantillon du livre déchirée :
Armes, meubles, dessins, plâtres, marbres, tableaux,
Giotto, Cimabüe, Ghirlandajo, que sais-je?
Reynolds près de Heemskerk, Watteau près de Corrège
    Pérugin entre deux Vanloos.

77.

Laques, pots du Japon, magots et porcelaines,
Pagodes toutes d'or et de clochettes pleines,
Beaux éventails de Chine, à décrire trop longs,
—Cuchillos, kriss malais à lames ondulées,
Kandjiars, yataghans aux gaînes ciselées,
Arquebuses à mèche, espingoles, tromblons,
Heaumes et corselets, masses d'armes, rondaches,
Faussés, criblés à jour, rouillés, rongés de taches,
Mille objets—bons à rien, admirables à voir;
Caftans orientaux, pourpoints de moyen âge,
Rebecs, psaltérions, instruments hors d'usage,
    Un antre, un musée, un boudoir!

78.

Autour du mur beaucoup de toiles accrochées,
Blanches pour la plupart, les autres ébauchées;
Un chaos de couleurs ne vivant qu'à demi.
— La Lénore à cheval, Macbeth et les sorcières,
Les infans de Lara, Marguerite en prières,
Des portraits esquissés, des études, parmi
Lesquelles dans son cadre une de jeune fille
Claire sur un fond brun, se détache et scintille,

Belle à ne savoir pas de quel nom l'appeler,
Péri, fée ou sylphide, être charmant et frêle ;
Ange du ciel à qui l'on aurait coupé l'aile
    Pour l'empêcher de s'envoler.

79.

On aurait dit, à voir cette tête inclinée,
Et son expression pensive et résignée,
Une *Mater Dei* d'après Masaccio.
—Ce n'était qu'un portrait d'une maîtresse ancienne,
La plus et mieux aimée, une Vénitienne,
Qu'en sa gondole un soir, sur le Canaleio,
Un bravo poignarda.— Le mari de la belle
Avait monté ce coup, la sachant infidèle.
—C'est un roman entier que cette histoire-là.—
Albertus vint au corps, leva l'étoffe noire,
Ébaucha ce portrait qu'il finit de mémoire,
    Et puis jamais n'en reparla.

80.

Seulement quand ses yeux rencontraient cette toile,
Qu'aux regards étrangers cachait un épais voile,

Une larme furtive essuyée aussitôt
S'y formait ; un soupir du fond de sa poitrine
S'exhalait sourdement et gonflait sa narine.
Il fronçait les sourcils, — mais il ne disait mot.
— A Venise un mylord osa faire des offres ;
Pour avoir ce chef-d'œuvre il eût vidé ses coffres ;
Mais c'était profaner — *il santo Rittrato*, —
Et comme obstinément il grossissait la somme,
Albertus furieux voulut jeter son homme
  En bas du pont de Rialto.

81.

Albertus travaillait. — C'était un paysage.
— Salvator eût signé cette *selve selvagge*.
— Au premier plan des rocs, — au second les donjons
D'un château dentelant de ses flèches aiguës
Un ciel ensanglanté, semé d'îles de nues.
— Les grands chênes pliaient comme de faibles joncs,
Les feuilles tournoyaient en l'air, l'herbe flétrie
Comme les flots hurlants d'une mer en furie,
Ondait sous la rafale, et de nombreux éclairs
De reflets rougeoyants incendiaient les cimes
Des pins échevelés, penchés sur les abîmes
  Comme sur le puits des enfers.

82.

On entra. — C'était Juan. — Une lumière bleue
Éclaira l'atelier, et quoiqu'il n'eût ni queue,
Ni cornes, ni pied-bot, — quoiqu'il ne sentît pas
Le soufre ou le bitume, à son regard oblique,
A sa lèvre que crispe un rire sardonique,
A son geste anguleux, à sa voix, à son pas,
Tout homme un peu prudent aurait couru bien vite
A sa Bible, et vous l'eût aspergé d'eau bénite.
— Albertus n'en fit rien ; — il ne le voyait point ;
Son âme avec ses yeux étaient à sa peinture.
— Signor, c'est un billet, dit le Diable-Mercure
    En le tirant par son pourpoint.

83.

Notre artiste l'ouvrit, — cherchant la signature
Et ne la trouvant pas : Infâme créature,
Dit-il entre ses dents, — irez-vous? — Oui, j'irai.
Quand? reprit Juan d'un ton doucereux.-Tout à l'heure.
Vive Dieu! c'est parler. — La signora demeure
A quatre pas d'ici. — Je vous y conduirai.
C'est bien, dit Albertus, décrochant son épée,
Un André Ferrara, — fine lame, trempée

Du sang de maints Bravi. — Je suis à vous, Piétro !
Une tête hâlée apparut à la porte
Et dit : — *Che vuoi signor,* — vite que l'on m'apporte
    Ma cape avec mon sombrero.

84.

Le temps de compter trois il revient. — La toilette
Du jeune cavalier en un instant fut faite,
Et le valet ayant approché le miroir,
Il sourit — et parut fort content de lui-même ;
Mais — tout à coup son teint, de pâle devint blême ;
Il avait (le vit-il ou bien crut-il le voir ?),
Il avait vu bouger dans son cadre la tête
De la Vénitienne, et sa bouche muette
Remuer et s'ouvrir comme voulant parler.
— Eh bien ! signor, fit Juan. — Povera, dit l'artiste
Caressant le portrait d'un regard doux et triste,
    — Il est trop tard pour reculer. —

85.

Ils sortirent tous deux. — La ville était déserte.
— A peine çà et là quelque croisée ouverte,

La pluie à fils pressés hachait le ciel obscur,
Un vent de nord faisait, ainsi que des mouettes
Par un gros temps, crier toutes les girouettes ;
Un ivrogne attardé passait battant le mur,
Une fille de joie attendait sur la borne.
— Albertus suivait Juan silencieux et morne ;
Certe, il n'avait ni l'air, ni le pas d'un galant.
— Un larron qu'un prevôt conduit à la potence,
Un écolier qui va subir sa pénitence,
    Ne marchent pas d'un pied plus lent.

86.

Il eût pu retourner chez lui, — mais l'aventure
Était réellement bizarre et de nature
A piquer jusqu'au vif la curiosité,
— Aussi notre signor voulut-il la poursuivre.
L'on arrive. — Don Juan prend le marteau de cuivre
D'une poterne et frappe avec autorite.
— Des yeux noirs, des fronts blancs, sous les vitres flamboies
La maison s'illumine, et des lueurs tournoient
Aux flancs sombres des murs. — De pallier en pallier
La lumière descend, — la porte en bronze s'ouvre,
L'intérieur splendide et vaste se découvre
    A l'œil du jeune cavalier.

87.

Un petit négrillon qui tenait une torche
De cire parfumée, attendait sous le porche :
Sa livrée écarlate, avec des galons d'or,
Était riche et galante.—Allons, dit Juan, beau page,
Conduisez ce seigneur par le secret passage. —
Albertus le suivit. — Au bout d'un corridor
Une courtine rouge à demi relevée
Se referme sur lui ; — flairant son arrivée,
Deux grands levriers blancs, couchés sur le tapis,
Hument l'air autour d'eux, lèvent leur longue tête,
Poussent entre leurs dents une plainte inquiète,
    Et puis retombent assoupis.

88.

D'honneur, vous eussiez dit un boudoir de duchesse ;
Tout s'y trouvait : — comfort, élégance et richesse
— Sur un beau guéridon de bois de citronnier
Brillait, comme une étoile, une lampe d'albâtre
Qui jetait par la chambre un jour doux et bleuâtre.
—Des perles, de la soie, un coffre à clous d'acier,
De blondes sépias, de fraîches aquarelles,
Des albums, des écrans aux découpures frêles,

La dernière revue et le nouveau roman,
Un masque noir brisé, — mille riens fashionables
Pêle-mêle jetés, jonchaient fauteuils et tables ;
      — C'était un désordre charmant.

89.

Notre *Innamorata*, couchée autant qu'assise
Sur un moelleux divan, jeta, comme surprise,
Un petit cri d'enfant, quand Albertus entra ;
Puis — prenant d'un coup d'œil les conseils de la glace,
Refit bouffer sa manche et remit à leur place
Quelques rubans mutins. — Jamais la signora
N'avait été mieux mise, elle était adorable,
En état d'amener une recrue au diable,
Autant que femme au monde, et même plus — ses yeux
Noirs et brillants avaient, sous leurs longues paupières
Tant de *morbidezza*, son geste et ses manières
      Un abandon si gracieux !

90.

Albertus un instant crut voir sa Vénitienne.
— La rougeur monte au front, comme à l'Italienne

De grosses boules d'or, et de sequins percés;
Le collier de corail, la croix et l'amulette,
Les touffes de rubans, et toute la toilette;
—La peau couleur d'orange, aux tons chauds et foncés,
L'expression rêveuse, et l'attitude molle,
Le regard tout pareil et la même parole,
Elle lui ressemblait à faire illusion.
— Connaissant Albertus et son humeur fantasque,
La sorcière avait cru devoir prendre ce masque
    Pour contenter sa passion.

91.

Véronique sonna. — La portière dorée
S'entr'ouvrit. — Revêtu d'une riche livrée,
Un petit page entra, qui portait des plateaux;
—Un vrai page flamand, tête blonde et rosée,
Comme celle qu'on voit au Terburg du Musée.
— Il posa sur la table et flacons et gâteaux,
Plaça l'argenterie, et la vaisselle plate,
Versa de haut le vin dans les verres à patte,
Salua nos galants et puis s'éloigna d'eux.
—C'était un vin du Rhin dont la robe vermeille
Jaunissait de vieillesse, un vin mis en bouteille
    Du temps de Maximilien II.

92.

Il luisait comme l'or au fond du vidrecome ;
— Un seul verre eût suffi pour étourdir un homme,
Albertus au second s'acheva de griser.
— A son œil fasciné chaque objet était double,
Tout flottait sans contour dans une vapeur trouble ;
Le plancher ondulait, les murs semblaient walser.
— La belle avait jeté toute honte en arrière,
Et donnant à ses feux une libre carrière,
De ses bras convulsifs lui faisait un collier ;
Se collait à son corps avec délire et fièvre,
Le prenait par la tête et jusque sur sa lèvre
    Tâchait de le faire plier.

93.

Albertus n'était pas de glace ni de pierre,
— Quand même il l'eût été, sous la noire paupière
De la dame brillait un soleil dont le feu
Eût animé la pierre et fait fondre la glace :
— Un ange, un saint du ciel, pour être à cette place,
Eussent quitté la leur et renié leur Dieu.
— Oh ! dit-il, mon cœur brûle à cette étrange flamme
Qui dans ton œil rayonne, et je vendrais mon âme

Pour t'avoir à moi seul tout entière et toujours.
— Un seul mot de ta bouche à la vie éternelle
Me ferait renoncer. — L'éternité vaut-elle
    Une minute de tes jours !

94.

Est-ce bien vrai cela ? reprit la Véronique
Le sourire à la bouche et d'un air ironique,
Et répèteriez-vous ce que vous avez dit ?
— Que pour vous posséder je donnerais mon âme
Au diable, si le diable en voulait, oui, madame,
Je l'ai dit. — Eh bien ! donc, à jamais sois maudit,
Cria l'ange gardien d'Albertus. — Je te laisse,
Car tu n'es plus à Dieu. — Le peintre en son ivresse
N'entendit pas la voix, et l'ange remonta.
— Un nuage de soufre emplit la chambre, un rire
De Méphistophélès, que l'on ne peut décrire,
    Tout à coup dans l'air éclata.

95.

Comme ceux d'une orfraie ou d'un hibou dans l'ombre
Les yeux de Véronique un instant d'un feu sombre

Brillèrent; — cependant Albertus n'en vit rien ;
Certes, s'il l'avait vu, quel que fût son courage,
A leur expression égarée et sauvage
Il se serait signé de peur, — car c'était bien
Un regard exprimant un mal irrémédiable,
Un regard de damné demandant l'heure au diable.
— On y lisait : — Toujours, jamais, éternité ;
C'était vraiment horrible. — Une prunelle d'homme,
A de pareils éclairs, mourrait et fondrait comme
    Fond le bitume au feu jeté.

96.

Et ses lèvres tremblaient. — On eût dit qu'un blasphème
Allait s'en échapper, quand tout à coup, — Je t'aime !
Dit-elle, bondissant comme un tigre en fureur ;
— Mais, sais-tu ce que c'est que l'amour d'une femme ?
En demandant le mien, as-tu sondé ton âme,
As-tu bien calculé les forces de ton cœur ?
Que te sens-tu dans toi de puissant et de large
A porter sans plier une pareille charge ?
— Toujours ! songes-y bien, d'un éternel amour
Il n'est dans l'univers qu'un seul être capable,
Et cet être c'est Dieu, — car il est immuable ;
    L'homme d'un jour n'aime qu'un jour.

97.

Dans le fond du boudoir un rayon de la lampe
Qui, sur les murs dorés, vague et bleuâtre rampe
Derrière les rideaux, tirés discrètement,
Fait deviner un lit. — Albertus, sans mot dire
(C'était bien répondu), de ce côté l'attire,
Sur le bord de ce lit la pose doucement,
Et... sur ce diable d'*et*, dans son style pudique,
Choppe bégueulement tout narrateur classique.
— La fornication reste en blanc, et le point
Que Basile jamais comme immoral ne biffe,
Sous sa plume devient l'honnête hiéroglyphe
    De ce qui ne l'est guère ou point.

98.

Moi qui ne suis pas prude, et qui n'ai pas de gaze
Ni de feuille de vigne à coller à ma phrase,
Je ne passerai rien. — Les Dames qui liront
Cette histoire morale auront de l'indulgence
Pour quelques chauds détails.—Les plus sages, je pense,
Les verront sans rougir, et les catins criront.
D'ailleurs, — et j'en préviens les mères de familles,
Ce que j'écris n'est pas pour les petites filles

Dont on coupe le pain en tartines. — Mes vers
Sont des vers de jeune homme et non un catéchisme.
—Je ne les châtre pas, — dans leur décent cynisme
    Ils s'en vont droit ou de travers,

99.

Peu m'importe ! selon que dame Poésie,
Leur maîtresse absolue, en a la fantaisie.
Et chastes comme Adam avant d'avoir péché,
Ils marchent librement dans leur nudité sainte,
Enfants purs de tout vice et laissant voir sans crainte
Ce qu'un monde hypocrite avec soin tient caché.
—Je ne suis pas de ceux dont une gorge nue,
Un jupon relevé font détourner la vue.—
Mon œil plutôt qu'ailleurs ne s'arrête pas là.
— Pourquoi donc tant crier sur l'œuvre des artistes,
Ce qu'ils font est sacré ! — Messieurs les rigoristes
    N'y verriez-vous donc que cela ?

100.

— *Le peintre avait coupé le corset.* — Véronique
N'avait sur son beau corps pour vêtement unique

Qu'une simple chemise ; — un nuage de lin
De l'air tramé ; — du vent, une brume de gaze
Laissant sous ses réseaux courir l'œil en extase :
— Tout ce que vous pourrez imaginer de fin !
Albertus eut bientôt brisé ce rempart frêle,
Et dans un tour de main deshabillé la belle.
— Il eut tort, c'est gâter soi-même son plaisir,
C'est tuer son amour et lui creuser sa tombe ;
Hélas ! car bien souvent avec le voile tombe
    L'illusion et le désir.

101.

Il n'en fut pas ainsi. — La dame était si belle
Qu'un saint du Paradis se fût damné pour elle.
— Un poëte amoureux n'aurait pas inventé
D'idéal plus parfait. — *O nature ! nature !*
Devant ton œuvre, à toi, qu'est-ce que la peinture ?
Qu'est-ce que Raphaël, ce roi de la beauté ?
Qu'est-ce que le Corrège et le Guide et Giorgione,
Titien, et tous ces noms qu'un siècle à l'autre prône ?
O Raphaël ! crois-moi, jette-là tes crayons,
Ta palette, ô Titien ! — Dieu seul est le grand-maître,
Il garde son secret et nul ne le pénètre,
    Et vainement nous l'essayons.

102.

Oh ! le tableau charmant !—Toute honteuse, et rouge
Comme un coquelicot, sur sa gorge qui bouge,
Elle penche la tête, et croise les deux bras.
—Avec son air mutin, et sa petite moue,
Ses longs cils palpitans qui caressent sa joue,
Sa peau plus brune encor sous la blancheur des draps ;
—Avec ses grands cheveux aux naturelles boucles,
Ses yeux étincelants comme des escarboucles,
Son col blond et doré, sa bouche de corail,
Son pied de cendrillon et sa jambe divine,
Et ce que l'ombre cache et ce que l'on devine :
  Seule, elle valait un sérail. —

103.

Les rideaux sont tombés : — des rires frénétiques,
Des cris de volupté, des râles extatiques,
De longs soupirs mourants, des sanglots et des pleurs ;
—*Idolo dell' mio cuor, anima mia*, — Mon ange,
Ma vie, — et tous les mots de ce langage étrange,
Que l'amour délirant invente en ses fureurs,
Voilà ce qu'on entend. — L'alcôve est au pillage,
Le lit tremble et se plaint, le plaisir devient rage ; —

— Ce ne sont que baisers et mouvements lascifs ;
Les bras autour des corps se crispent et se tordent
L'œil s'allume, les dents s'entre-choquent et mordent,
  Les seins bondissent convulsifs.

104.

La lampe gresilla. — Dans le fond de l'alcôve
Passa comme l'éclair, un jour sanglant et fauve ;
Ce ne fut qu'un instant, mais Albertus put voir
Véronique, la peau d'ardents sillons marbrée,
Pâle comme une morte, et si défigurée
Que le frisson le prit ; — puis tout redevint noir. —
La sorcière colla sa bouche sur la bouche
Du jeune cavalier, et de nouveau la couche
Sous des élans d'amour en gémissant plia.
—Minuit sonna.—Le timbre au bruit sourd de la grêle
Qui cinglait les carreaux , joignit son fausset grêle,
  Le hibou du donjon cria. —

105.

Tout à coup, sous ses doigts, ô prodige à confondre
La plus haute raison ! Albertus sentit fondre

La gorge de sa belle, et s'en aller les chairs.
— Le prisme était brisé. — Ce n'était plus la femme
Que tout Leyde adorait, mais une vieille infâme,
Sous d'épais sourcils gris roulant de gros yeux verts,
Et pour saisir sa proie, en manière de pinces
De toute leur longueur ouvrant deux grands bras minces.
— Le diable eût reculé. — De rares cheveux blancs
Sur son col décharné, pendaient en raides mèches,
Ses os faisaient le gril sous ses mammelles sèches,
    Et ses côtes trouaient ses flancs.

106.

Quand il se vit si près de cette Mort vivante,
Tout le sang d'Albertus se figea d'épouvante,
— Ses cheveux se dressaient sur son front, et ses dents
Claquaient à se briser, — cependant le squelette
A sa joue appuyant sa lèvre violette,
Le poursuivait partout de ses rires stridents. —
Dans l'ombre, au pied du lit, grouillaient d'étranges formes
Incubes, cauchemars, spectres lourds et difformes,
Un recueil de Callot de Goya complet!
Des escargots cornus sortant du joint des briques
Argentaient les vieux murs de baves phosphoriques,
    La lampe fumait et râlait.

107.

— Au lieu du lit doré, c'était un grabat sale ;
Au lieu du boudoir rose, une petite salle
D'un aspect misérable, où, dans un vieux châssis,
Frissonnaient des carreaux étoilés ; où les voûtes
Vertes d'humidité, suaient à grosses gouttes,
Et laissaient choir leurs pleurs sur les pavés noircis.
— Juan, redevenu chat, jetant mille étincelles,
Fascinait Albertus du feu de ses prunelles,
Et comme le barbet de Faust, l'emprisonnant
De magiques liens, avec sa noire queue,
Sur la dalle, où s'allume une lumière bleue,
    Traçait un cercle rayonnant.

108.

— La vieille fit : — Hop ! hop ! et par la cheminée
De reflets flamboyants soudain illuminée,
Deux manches à balai, tout bridés, tout sellés,
Entrèrent dans la salle avec forte ruades,
Caracoles et sauts, voltes et pétarades,
Ainsi que des chevaux par leur maître appelés.
— C'est ma jument Anglaise et mon coureur Arabe,
Dit la sorcière ouvrant ses griffes comme un crabe

Et flattant de la main ses balais sur le col.
—Un crapaud hydropique, aux longues pattes grêles,
Tint l'étrier.—Housch! housch!—comme des sauterelles
Les deux balais prirent leur vol.

109.

Trap, trap!—ils vont, ils vont comme le vent de bise,
— La terre sous leurs pieds file rayée et grise,
Le ciel nuageux court sur leur tête au galop ;
A l'horizon blafard d'étranges silhouettes
Passent. — Le moulin tourne et fait des pirouettes,
La lune en son plein luit rouge comme un fallot;
Le donjon curieux de tous ses yeux regarde,
L'arbre étend ses bras noirs; — la potence hagarde
Montre le poing et fuit emportant son pendu;
Le corbeau qui croasse et flaire la charogne,
Fouette l'air lourdement, et de son aile cogne
Le front du jeune homme éperdu.

110.

Chauves-souris, hibous, chouettes, vautours chauves,
Grands-ducs, oiseaux de nuit aux yeux flambants et faure

Monstres de toute espèce et qu'on ne connaît pas,
Stryges au bec crochu, Goules, Larves, Harpies,
Vampires, Loups-garoux, Brucolaques impies,
Mammouths, Léviathans, Crocodiles, Boas,
Cela grogne, glapit, siffle, rit et babille,
Cela grouille, reluit, vole, rampe et sautille,
Le sol en est couvert, l'air en est obscurci.
— Des balais haletans la course est moins rapide,
Et de ses doigts noueux tirant à soi la bride,
    La vieille cria : — C'est ici. —

111.

Une flamme jetant une clarté bleuâtre
Comme celle du punch, éclairait le théâtre.
— C'était un carrefour dans le milieu d'un bois.
Les nécromans en robe et les sorcières nues,
A cheval sur leurs boucs, par les quatre avenues,
Des quatre points du vent débouchaient à la fois.
— Les approfondisseurs de sciences occultes,
Faust de tous les pays, mages de tous les cultes,
Zingaros basanés, et rabbins au poil roux,
Cabalistes, devins, rêvasseurs hermétiques
Noirs et faisant râler leurs soufflets asthmatiques,
    Aucun ne manque au rendez-vous.

112.

Squelettes conservés dans les amphithéâtres,
Animaux empaillés, monstres, fœtus verdâtres,
Tout humides encor de leur bain d'alcohol,
Culs de jattes, pieds-bots, montés sur des limaces,
Pendus tirant la langue et faisant des grimaces ;
Guillotinés blafards, un ruban rouge au col,
Soutenant d'une main leur tête chancelante ;
— Tous les suppliciés, foule morne et sanglante,
Parricides manchots couverts d'un voile noir,
Hérétiques vêtus de tuniques souffrées,
Roués meurtris et bleus, noyés aux chairs marbrées ;
    — C'était épouvantable à voir !

113.

— Le président assis dans une chaire noire,
Avec ses doigts crochus feuilletant le grimoire,
Épelait à rebours les noms sacrés de Dieu.
— Un rayon échappé de sa prunelle verte
Éclairait le bouquin, et sur la page ouverte
Faisait étinceler les mots en traits de feu.
— Pour commencer la fête on attendait le maître,
On s'impatientait, il tardait à paraître

Et faisait sourde oreille à l'évocation.

— Albertus croyait voir une queue et des cornes,

Des pieds de boucs, des yeux tout ronds aux regards mornes

— Une horrible apparition ! —

114.

Enfin, il arriva. — Ce n'était pas un diable

Empoisonnant le soufre et l'aspect effroyable,

Un diable roccoco. — C'était un élégant

Portant l'impériale et la fine moustache,

Faisant sonner sa botte et siffler sa cravache

Ainsi qu'un merveilleux du boulevard de Gand.

— On eût dit qu'il sortait de voir *Robert le Diable*,

Ou *la Tentation*, ou d'un Raout fasbionable,

— Boiteux comme Byron, mais pas plus ; — il eût fait

Avec son ton tranchant, son air aristocrate,

Et son talent exquis pour mettre sa cravate,

Dans les salons un grand effet.

115.

Le Belzébuth dandy fit un signe, et la troupe,

Pour ouïr le concert se réunit en groupe.

— Ni Ludwig Beethoven, ni Gluck, ni Mayerbeer,
Ni Théodore Hoffmann, Hoffmann le fantastique !
Ni le gros Rossini, ce roi de la musique,
Ni le chevalier Karl Maria de Weber,
A coup sûr n'auraient pu, malgré tout leur génie,
Inventer et noter la grande symphonie
Que jouèrent d'abord les noirs dilettanti ;
—Boucher et Bériot, Paganini lui-même
N'eussent pas su broder un plus étrange thème
De plus brillans spizicati.

116.

Les virtuoses font, sous leurs doigts secs et grêles,
Des Stradivarius grincer les chanterelles ;
La corde semble avoir une âme dans sa voix.
—Le tam-tam caverneux, comme un tonnerre gronde,
Un lutin jovial gonflant sa face ronde,
Sonne burlesquement de deux cors à la fois.
Celui-ci frappe un gril, et cet autre en goguettes
Prend pour tambour son ventre et deux os pour baguettes.
— Quatre petits démons sous un archet de fer
Font ronfler et mugir quatre basses géantes.
— Un gras soprano tord ses mâchoires béantes.
— C'est un charivari d'enfer !

117.

Le concerto fini, les danses commencèrent.
— Les mains avec les mains en chaîne s'enlacèrent.
Dans le grand fauteuil noir le Diable se plaça
Et donna le signal. — Hurrah! hurrah! La ronde
Fouillant du pied le sol, hurlante et furibonde
Comme un cheval sans frein au galop se lança.
— Pour ne rien voir, le ciel ferma ses yeux d'étoiles,
Et la lune prenant deux nuages pour voiles,
Toute blanche de peur de l'horizon s'enfuit.—
L'eau s'arrêta troublée et les échos eux-mêmes
Se turent, n'osant pas répéter les blasphèmes
  Qu'ils entendirent cette nuit!

118.

On eût cru voir tourner et flamboyer dans l'ombre
Les signes monstrueux d'un zodiaque sombre;
L'hippopotame lourd, Falstaff à quatre pieds,
Se dressait gauchement sur ses pattes massives
Et s'épanouissait en gambades lascives.
— Le cul de jatte, avec ses moignons estropiés,
Sautait comme un crapaud, et les boucs plus ingambes;
Battaient des entrechats, faisaient des ronds de jambes.

— Une tête de mort à pattes de faucheux
Trottait par terre, ainsi qu'une araignée énorme ;
Dans tous les coins grouillait quelque chose d'informe
— Des vers rayaient le sol gâcheux. —

119.

La chevelure au vent, la joue en feu, les femmes
Tordaient leurs membres nus en postures infâmes ;
Arétin eût rougi. — Des baisers furieux
Marbraient les seins meurtris et les épaules blanches,
Des doigts noirs et velus se crispaient sur les hanches,
On entendait un bruit de chocs luxurieux.
— Les prunelles jetaient des éclairs électriques ,
Les bouches se fondaient en étreintes lubriques :
— C'était des rires fous, des cris, des râlements !
Non, Sodôme jamais, jamais sa sœur immonde
N'effrayèrent le ciel, ne souillèrent le monde
De plus hideux accouplements.

120.

Le Diable éternua. — Pour un nez fashionable
L'odeur de l'assemblée était insoutenable.

Dieu vous bénisse — dit Albertus poliment.

— A peine eut-il lâché le saint nom que fantômes,

Sorcières et sorciers, monstres follets et gnomes,

Tout disparut en l'air comme un enchantement.

— Il sentit plein d'effroi des griffes acérées,

Des dents qui se plongeaient dans ses chairs lacérées;

Il cria; mais son cri ne fut point entendu...

Et des Contadini le matin, près de Rome,

Sur la voie Appia trouvèrent un corps d'homme,

    Les reins cassés, le col tordu.

121.

— Joyeux comme un enfant à la fin de son thème,

Me voici donc au bout de ce moral poëme!

En êtes-vous aussi content que moi, lecteur?

En vain depuis deux mois, pour clore ce volume,

Mes doigts faisaient grincer et galoper la plume;

— Le sujet paresseux marchait avec lenteur.

Se berçant à loisir sur leurs ailes vermeilles,

Les strophes se groupaient comme un essaim d'abeilles

Ou picoraient sans ordre aux sureaux du chemin.

— Les chiffres grossissaient. — La page sur la page

Se couchait moite encore, et moi perdant courage,

    Je me disais toujours. — Demain!

122.

—Ce poëme homérique et sans égal au monde,
Offre une allégorie admirable et profonde;
Mais, — pour sucer la moelle il faut qu'on brise l'os;
Pour savourer l'odeur, il faut ouvrir le vase,
Du tableau que l'on cache il faut tirer la gaze,
Lever, le bal fini, le masque aux dominos.
—J'aurais pu clairement expliquer chaque chose,
Clouer à chaque mot une savante glose.—
Je vous crois, cher lecteur, assez spirituel
Pour me comprendre.—Ainsi, bonsoir.—Fermez la porte,
Donnez-moi la pincette, et dites qu'on m'apporte
   Un tome de Pentagruel.

FIN.

TABLE.

FIN DE LA TABLE.